Lista dei Soggetti

N.	Anello Numero	Specie - Varietà	Data Nascita	Sesso	Note
1					
2					
3					
4					
5					
6					
7					
8					
9					
10					
11					
12					
13					
14					
15					
16					
17					
18					
19					
20					
21					
22					
23					
24					
25					

Lista dei Soggetti

N.	Anello Numero	Specie - Varietà	Data Nascita	Sesso	Note
26					
27					
28					
29					
30					
31					
32					
33					
34					
35					
36					
37					
38					
39					
40					
41					
42					
43					
44					
45					
46					
47					
48					
49					
50					

Lista dei Soggetti

N.	Anello Numero	Specie - Varietà	Data Nascita	Sesso	Note
51					
52					
53					
54					
55					
56					
57					
58					
59					
60					
61					
62					
63					
64					
65					
66					
67					
68					
69					
70					
71					
72					
73					
74					
75					

Lista dei Soggetti

N.	Anello Numero	Specie - Varietà	Data Nascita	Sesso	Note
76					
77					
78					
79					
80					
81					
82					
83					
84					
85					
86					
87					
88					
89					
90					
91					
92					
93					
94					
95					
96					
97					
98					
99					
100					

Lista dei Soggetti

N.	Anello Numero	Specie - Varietà	Data Nascita	Sesso	Note
101					
102					
103					
104					
105					
106					
107					
108					
109					
110					
111					
112					
113					
114					
115					
116					
117					
118					
119					
120					
121					
122					
123					
124					
125					

Registro Cove

FEMMINA		
SPECIE – VARIETA'	N. GABBIA	
RNA – N. ANELLO	MM / AAAA NASCITA	

MASCHIO		
SPECIE – VARIETA'	N. GABBIA	
RNA – N. ANELLO	DATA ACCOPPIAMENTO	

COVATA N. _____		
DATA 1° UOVO	GG DI COVA	
DATA ULTIMO UOVO	DATA NASCITE	
N. UOVA	BIANCHE	
PULLI VIVI	ALLEVATI	

PULLI					
N.	ANELLO NUMER	SALUTE	DATA SVEZZ	SESSO	NOTE
1					
2					
3					
4					
5					
6					
7					

NOTE SULLA COVATA

FEMMINA

SPECIE – VARIETA'		N. GABBIA	
RNA – N. ANELLO		MM / AAAA NASCITA	

MASCHIO

SPECIE – VARIETA'		N. GABBIA	
RNA – N. ANELLO		DATA ACCOPPIAMENTO	

COVATA N. _______

DATA 1° UOVO		GG DI COVA	
DATA ULTIMO UOVO		DATA NASCITE	
N. UOVA		BIANCHE	
PULLI VIVI		ALLEVATI	

PULLI

N.	ANELLO NUMER	SALUTE	DATA SVEZZ	SESSO	NOTE
1					
2					
3					
4					
5					
6					
7					

NOTE SULLA COVATA

FEMMINA			
SPECIE – VARIETA'		N. GABBIA	
RNA – N. ANELLO		MM / AAAA NASCITA	

MASCHIO			
SPECIE – VARIETA'		N. GABBIA	
RNA – N. ANELLO		DATA ACCOPPIAMENTO	

COVATA N. _____			
DATA 1° UOVO		GG DI COVA	
DATA ULTIMO UOVO		DATA NASCITE	
N. UOVA		BIANCHE	
PULLI VIVI		ALLEVATI	

PULLI					
N.	ANELLO NUMER	SALUTE	DATA SVEZZ	SESSO	NOTE
1					
2					
3					
4					
5					
6					
7					

NOTE SULLA COVATA

<table>
<tr><td colspan="3" align="center">FEMMINA</td></tr>
<tr><td>SPECIE – VARIETA'</td><td>N. GABBIA</td><td></td></tr>
<tr><td>RNA – N. ANELLO</td><td>MM / AAAA NASCITA</td><td></td></tr>
</table>

<table>
<tr><td colspan="3" align="center">MASCHIO</td></tr>
<tr><td>SPECIE – VARIETA'</td><td>N. GABBIA</td><td></td></tr>
<tr><td>RNA – N. ANELLO</td><td>DATA ACCOPPIAMENTO</td><td></td></tr>
</table>

<table>
<tr><td colspan="3" align="center">COVATA N. _____</td></tr>
<tr><td>DATA 1° UOVO</td><td>GG DI COVA</td><td></td></tr>
<tr><td>DATA ULTIMO UOVO</td><td>DATA NASCITE</td><td></td></tr>
<tr><td>N. UOVA</td><td>BIANCHE</td><td></td></tr>
<tr><td>PULLI VIVI</td><td>ALLEVATI</td><td></td></tr>
</table>

<table>
<tr><td colspan="6" align="center">PULLI</td></tr>
<tr><td>N.</td><td>ANELLO NUMER</td><td>SALUTE</td><td>DATA SVEZZ</td><td>SESSO</td><td>NOTE</td></tr>
<tr><td>1</td><td></td><td></td><td></td><td></td><td></td></tr>
<tr><td>2</td><td></td><td></td><td></td><td></td><td></td></tr>
<tr><td>3</td><td></td><td></td><td></td><td></td><td></td></tr>
<tr><td>4</td><td></td><td></td><td></td><td></td><td></td></tr>
<tr><td>5</td><td></td><td></td><td></td><td></td><td></td></tr>
<tr><td>6</td><td></td><td></td><td></td><td></td><td></td></tr>
<tr><td>7</td><td></td><td></td><td></td><td></td><td></td></tr>
</table>

NOTE SULLA COVATA

FEMMINA			
SPECIE – VARIETA'		N. GABBIA	
RNA – N. ANELLO		MM / AAAA NASCITA	

MASCHIO			
SPECIE – VARIETA'		N. GABBIA	
RNA – N. ANELLO		DATA ACCOPPIAMENTO	

COVATA N. _____			
DATA 1° UOVO		GG DI COVA	
DATA ULTIMO UOVO		DATA NASCITE	
N. UOVA		BIANCHE	
PULLI VIVI		ALLEVATI	

PULLI					
N.	ANELLO NUMER	SALUTE	DATA SVEZZ	SESSO	NOTE
1					
2					
3					
4					
5					
6					
7					

NOTE SULLA COVATA

<table>
<tr><td colspan="3" align="center">FEMMINA</td></tr>
<tr><td>SPECIE – VARIETA'</td><td>N. GABBIA</td><td></td></tr>
<tr><td>RNA – N. ANELLO</td><td>MM / AAAA NASCITA</td><td></td></tr>
</table>

<table>
<tr><td colspan="3" align="center">MASCHIO</td></tr>
<tr><td>SPECIE – VARIETA'</td><td>N. GABBIA</td><td></td></tr>
<tr><td>RNA – N. ANELLO</td><td>DATA ACCOPPIAMENTO</td><td></td></tr>
</table>

<table>
<tr><td colspan="3" align="center">COVATA N. ______</td></tr>
<tr><td>DATA 1° UOVO</td><td>GG DI COVA</td><td></td></tr>
<tr><td>DATA ULTIMO UOVO</td><td>DATA NASCITE</td><td></td></tr>
<tr><td>N. UOVA</td><td>BIANCHE</td><td></td></tr>
<tr><td>PULLI VIVI</td><td>ALLEVATI</td><td></td></tr>
</table>

PULLI

N.	ANELLO NUMER	SALUTE	DATA SVEZZ	SESSO	NOTE
1					
2					
3					
4					
5					
6					
7					

NOTE SULLA COVATA

FEMMINA			
SPECIE – VARIETA'		N. GABBIA	
RNA – N. ANELLO		MM / AAAA NASCITA	

MASCHIO			
SPECIE – VARIETA'		N. GABBIA	
RNA – N. ANELLO		DATA ACCOPPIAMENTO	

COVATA N. _____			
DATA 1° UOVO		GG DI COVA	
DATA ULTIMO UOVO		DATA NASCITE	
N. UOVA		BIANCHE	
PULLI VIVI		ALLEVATI	

PULLI				
N.	ANELLO NUMERO	SALUTE	DATA SVEZZ	SESSO	NOTE
1					
2					
3					
4					
5					
6					
7					

NOTE SULLA COVATA

<table>
<tr><td colspan="3">FEMMINA</td></tr>
<tr><td>SPECIE – VARIETA'</td><td>N. GABBIA</td><td></td></tr>
<tr><td>RNA – N. ANELLO</td><td>MM / AAAA NASCITA</td><td></td></tr>
</table>

<table>
<tr><td colspan="3">MASCHIO</td></tr>
<tr><td>SPECIE – VARIETA'</td><td>N. GABBIA</td><td></td></tr>
<tr><td>RNA – N. ANELLO</td><td>DATA ACCOPPIAMENTO</td><td></td></tr>
</table>

<table>
<tr><td colspan="3">COVATA N. _____</td></tr>
<tr><td>DATA 1° UOVO</td><td>GG DI COVA</td><td></td></tr>
<tr><td>DATA ULTIMO UOVO</td><td>DATA NASCITE</td><td></td></tr>
<tr><td>N. UOVA</td><td>BIANCHE</td><td></td></tr>
<tr><td>PULLI VIVI</td><td>ALLEVATI</td><td></td></tr>
</table>

		PULLI			
N.	ANELLO NUMER	SALUTE	DATA SVEZZ	SESSO	NOTE
1					
2					
3					
4					
5					
6					
7					

NOTE SULLA COVATA

FEMMINA			
SPECIE – VARIETA'		N. GABBIA	
RNA – N. ANELLO		MM / AAAA NASCITA	

MASCHIO			
SPECIE – VARIETA'		N. GABBIA	
RNA – N. ANELLO		DATA ACCOPPIAMENTO	

COVATA N. _____			
DATA 1° UOVO		GG DI COVA	
DATA ULTIMO UOVO		DATA NASCITE	
N. UOVA		BIANCHE	
PULLI VIVI		ALLEVATI	

PULLI					
N.	ANELLO NUMER	SALUTE	DATA SVEZZ	SESSO	NOTE
1					
2					
3					
4					
5					
6					
7					

NOTE SULLA COVATA

FEMMINA			
SPECIE – VARIETA'		N. GABBIA	
RNA – N. ANELLO		MM / AAAA NASCITA	

MASCHIO			
SPECIE – VARIETA'		N. GABBIA	
RNA – N. ANELLO		DATA ACCOPPIAMENTO	

COVATA N. _______			
DATA 1° UOVO		GG DI COVA	
DATA ULTIMO UOVO		DATA NASCITE	
N. UOVA		BIANCHE	
PULLI VIVI		ALLEVATI	

PULLI					
N.	ANELLO NUMER	SALUTE	DATA SVEZZ	SESSO	NOTE
1					
2					
3					
4					
5					
6					
7					

NOTE SULLA COVATA

FEMMINA		
SPECIE – VARIETA'	N. GABBIA	
RNA – N. ANELLO	MM / AAAA NASCITA	

MASCHIO		
SPECIE – VARIETA'	N. GABBIA	
RNA – N. ANELLO	DATA ACCOPPIAMENTO	

COVATA N. _____		
DATA 1° UOVO	GG DI COVA	
DATA ULTIMO UOVO	DATA NASCITE	
N. UOVA	BIANCHE	
PULLI VIVI	ALLEVATI	

PULLI				
N.	ANELLO NUMER	SALUTE	DATA SVEZZ	SESSO	NOTE
1					
2					
3					
4					
5					
6					
7					

NOTE SULLA COVATA

FEMMINA		
SPECIE – VARIETA'	N. GABBIA	
RNA – N. ANELLO	MM / AAAA NASCITA	

MASCHIO		
SPECIE – VARIETA'	N. GABBIA	
RNA – N. ANELLO	DATA ACCOPPIAMENTO	

COVATA N. _____		
DATA 1° UOVO	GG DI COVA	
DATA ULTIMO UOVO	DATA NASCITE	
N. UOVA	BIANCHE	
PULLI VIVI	ALLEVATI	

PULLI				
N.	ANELLO NUMERO	SALUTE	DATA SVEZZ	SESSO	NOTE
1					
2					
3					
4					
5					
6					
7					

NOTE SULLA COVATA

<table>
<tr><td colspan="3" align="center">FEMMINA</td></tr>
<tr><td>SPECIE – VARIETA'</td><td>N. GABBIA</td><td></td></tr>
<tr><td>RNA – N. ANELLO</td><td>MM / AAAA NASCITA</td><td></td></tr>
</table>

<table>
<tr><td colspan="3" align="center">MASCHIO</td></tr>
<tr><td>SPECIE – VARIETA'</td><td>N. GABBIA</td><td></td></tr>
<tr><td>RNA – N. ANELLO</td><td>DATA ACCOPPIAMENTO</td><td></td></tr>
</table>

<table>
<tr><td colspan="3" align="center">COVATA N. _____</td></tr>
<tr><td>DATA 1° UOVO</td><td>GG DI COVA</td><td></td></tr>
<tr><td>DATA ULTIMO UOVO</td><td>DATA NASCITE</td><td></td></tr>
<tr><td>N. UOVA</td><td>BIANCHE</td><td></td></tr>
<tr><td>PULLI VIVI</td><td>ALLEVATI</td><td></td></tr>
</table>

<table>
<tr><td colspan="6" align="center">PULLI</td></tr>
<tr><td>N.</td><td>ANELLO NUMER</td><td>SALUTE</td><td>DATA SVEZZ</td><td>SESSO</td><td>NOTE</td></tr>
<tr><td>1</td><td></td><td></td><td></td><td></td><td></td></tr>
<tr><td>2</td><td></td><td></td><td></td><td></td><td></td></tr>
<tr><td>3</td><td></td><td></td><td></td><td></td><td></td></tr>
<tr><td>4</td><td></td><td></td><td></td><td></td><td></td></tr>
<tr><td>5</td><td></td><td></td><td></td><td></td><td></td></tr>
<tr><td>6</td><td></td><td></td><td></td><td></td><td></td></tr>
<tr><td>7</td><td></td><td></td><td></td><td></td><td></td></tr>
</table>

NOTE SULLA COVATA

FEMMINA		
SPECIE – VARIETA'	N. GABBIA	
RNA – N. ANELLO	MM / AAAA NASCITA	

MASCHIO		
SPECIE – VARIETA'	N. GABBIA	
RNA – N. ANELLO	DATA ACCOPPIAMENTO	

COVATA N. _____		
DATA 1° UOVO	GG DI COVA	
DATA ULTIMO UOVO	DATA NASCITE	
N. UOVA	BIANCHE	
PULLI VIVI	ALLEVATI	

PULLI					
N.	ANELLO NUMER	SALUTE	DATA SVEZZ	SESSO	NOTE
1					
2					
3					
4					
5					
6					
7					

NOTE SULLA COVATA

FEMMINA			
SPECIE – VARIETA'		N. GABBIA	
RNA – N. ANELLO		MM / AAAA NASCITA	

MASCHIO			
SPECIE – VARIETA'		N. GABBIA	
RNA – N. ANELLO		DATA ACCOPPIAMENTO	

COVATA N. _______			
DATA 1° UOVO		GG DI COVA	
DATA ULTIMO UOVO		DATA NASCITE	
N. UOVA		BIANCHE	
PULLI VIVI		ALLEVATI	

PULLI					
N.	ANELLO NUMER	SALUTE	DATA SVEZZ	SESSO	NOTE
1					
2					
3					
4					
5					
6					
7					

NOTE SULLA COVATA

<table>
<tr><td colspan="3" align="center">FEMMINA</td></tr>
<tr><td>SPECIE – VARIETA'</td><td>N. GABBIA</td><td></td></tr>
<tr><td>RNA – N. ANELLO</td><td>MM / AAAA NASCITA</td><td></td></tr>
</table>

<table>
<tr><td colspan="3" align="center">MASCHIO</td></tr>
<tr><td>SPECIE – VARIETA'</td><td>N. GABBIA</td><td></td></tr>
<tr><td>RNA – N. ANELLO</td><td>DATA ACCOPPIAMENTO</td><td></td></tr>
</table>

<table>
<tr><td colspan="3" align="center">COVATA N. _____</td></tr>
<tr><td>DATA 1° UOVO</td><td>GG DI COVA</td><td></td></tr>
<tr><td>DATA ULTIMO UOVO</td><td>DATA NASCITE</td><td></td></tr>
<tr><td>N. UOVA</td><td>BIANCHE</td><td></td></tr>
<tr><td>PULLI VIVI</td><td>ALLEVATI</td><td></td></tr>
</table>

	PULLI				
N.	ANELLO NUMER	SALUTE	DATA SVEZZ	SESSO	NOTE
1					
2					
3					
4					
5					
6					
7					

NOTE SULLA COVATA

<table>
<tr><td colspan="3" align="center">FEMMINA</td></tr>
<tr><td>SPECIE – VARIETA'</td><td>N. GABBIA</td><td></td></tr>
<tr><td>RNA – N. ANELLO</td><td>MM / AAAA NASCITA</td><td></td></tr>
</table>

<table>
<tr><td colspan="3" align="center">MASCHIO</td></tr>
<tr><td>SPECIE – VARIETA'</td><td>N. GABBIA</td><td></td></tr>
<tr><td>RNA – N. ANELLO</td><td>DATA ACCOPPIAMENTO</td><td></td></tr>
</table>

<table>
<tr><td colspan="3" align="center">COVATA N. ______</td></tr>
<tr><td>DATA 1° UOVO</td><td>GG DI COVA</td><td></td></tr>
<tr><td>DATA ULTIMO UOVO</td><td>DATA NASCITE</td><td></td></tr>
<tr><td>N. UOVA</td><td>BIANCHE</td><td></td></tr>
<tr><td>PULLI VIVI</td><td>ALLEVATI</td><td></td></tr>
</table>

<table>
<tr><td colspan="6" align="center">PULLI</td></tr>
<tr><td>N.</td><td>ANELLO NUMER</td><td>SALUTE</td><td>DATA SVEZZ</td><td>SESSO</td><td>NOTE</td></tr>
<tr><td>1</td><td></td><td></td><td></td><td></td><td></td></tr>
<tr><td>2</td><td></td><td></td><td></td><td></td><td></td></tr>
<tr><td>3</td><td></td><td></td><td></td><td></td><td></td></tr>
<tr><td>4</td><td></td><td></td><td></td><td></td><td></td></tr>
<tr><td>5</td><td></td><td></td><td></td><td></td><td></td></tr>
<tr><td>6</td><td></td><td></td><td></td><td></td><td></td></tr>
<tr><td>7</td><td></td><td></td><td></td><td></td><td></td></tr>
</table>

NOTE SULLA COVATA

<table>
<tr><td colspan="4" align="center">FEMMINA</td></tr>
<tr><td>SPECIE – VARIETA'</td><td></td><td>N. GABBIA</td><td></td></tr>
<tr><td>RNA – N. ANELLO</td><td></td><td>MM / AAAA NASCITA</td><td></td></tr>
</table>

<table>
<tr><td colspan="4" align="center">MASCHIO</td></tr>
<tr><td>SPECIE – VARIETA'</td><td></td><td>N. GABBIA</td><td></td></tr>
<tr><td>RNA – N. ANELLO</td><td></td><td>DATA ACCOPPIAMENTO</td><td></td></tr>
</table>

<table>
<tr><td colspan="4" align="center">COVATA N. _____</td></tr>
<tr><td>DATA 1° UOVO</td><td></td><td>GG DI COVA</td><td></td></tr>
<tr><td>DATA ULTIMO UOVO</td><td></td><td>DATA NASCITE</td><td></td></tr>
<tr><td>N. UOVA</td><td></td><td>BIANCHE</td><td></td></tr>
<tr><td>PULLI VIVI</td><td></td><td>ALLEVATI</td><td></td></tr>
</table>

<table>
<tr><td colspan="6" align="center">PULLI</td></tr>
<tr><td>N.</td><td>ANELLO NUMER</td><td>SALUTE</td><td>DATA SVEZZ</td><td>SESSO</td><td>NOTE</td></tr>
<tr><td>1</td><td></td><td></td><td></td><td></td><td></td></tr>
<tr><td>2</td><td></td><td></td><td></td><td></td><td></td></tr>
<tr><td>3</td><td></td><td></td><td></td><td></td><td></td></tr>
<tr><td>4</td><td></td><td></td><td></td><td></td><td></td></tr>
<tr><td>5</td><td></td><td></td><td></td><td></td><td></td></tr>
<tr><td>6</td><td></td><td></td><td></td><td></td><td></td></tr>
<tr><td>7</td><td></td><td></td><td></td><td></td><td></td></tr>
</table>

NOTE SULLA COVATA

<table>
<tr><td colspan="3" align="center">FEMMINA</td></tr>
<tr><td>SPECIE – VARIETA'</td><td>N. GABBIA</td><td></td></tr>
<tr><td>RNA – N. ANELLO</td><td>MM / AAAA NASCITA</td><td></td></tr>
</table>

<table>
<tr><td colspan="3" align="center">MASCHIO</td></tr>
<tr><td>SPECIE – VARIETA'</td><td>N. GABBIA</td><td></td></tr>
<tr><td>RNA – N. ANELLO</td><td>DATA ACCOPPIAMENTO</td><td></td></tr>
</table>

<table>
<tr><td colspan="3" align="center">COVATA N. _____</td></tr>
<tr><td>DATA 1° UOVO</td><td>GG DI COVA</td><td></td></tr>
<tr><td>DATA ULTIMO UOVO</td><td>DATA NASCITE</td><td></td></tr>
<tr><td>N. UOVA</td><td>BIANCHE</td><td></td></tr>
<tr><td>PULLI VIVI</td><td>ALLEVATI</td><td></td></tr>
</table>

<table>
<tr><td colspan="6" align="center">PULLI</td></tr>
<tr><td>N.</td><td>ANELLO NUMER</td><td>SALUTE</td><td>DATA SVEZZ</td><td>SESSO</td><td>NOTE</td></tr>
<tr><td>1</td><td></td><td></td><td></td><td></td><td></td></tr>
<tr><td>2</td><td></td><td></td><td></td><td></td><td></td></tr>
<tr><td>3</td><td></td><td></td><td></td><td></td><td></td></tr>
<tr><td>4</td><td></td><td></td><td></td><td></td><td></td></tr>
<tr><td>5</td><td></td><td></td><td></td><td></td><td></td></tr>
<tr><td>6</td><td></td><td></td><td></td><td></td><td></td></tr>
<tr><td>7</td><td></td><td></td><td></td><td></td><td></td></tr>
</table>

NOTE SULLA COVATA

<table>
<tr><td colspan="4" align="center">FEMMINA</td></tr>
<tr><td>SPECIE – VARIETA'</td><td></td><td>N. GABBIA</td><td></td></tr>
<tr><td>RNA – N. ANELLO</td><td></td><td>MM / AAAA NASCITA</td><td></td></tr>
</table>

<table>
<tr><td colspan="4" align="center">MASCHIO</td></tr>
<tr><td>SPECIE – VARIETA'</td><td></td><td>N. GABBIA</td><td></td></tr>
<tr><td>RNA – N. ANELLO</td><td></td><td>DATA ACCOPPIAMENTO</td><td></td></tr>
</table>

<table>
<tr><td colspan="4" align="center">COVATA N. _____</td></tr>
<tr><td>DATA 1° UOVO</td><td></td><td>GG DI COVA</td><td></td></tr>
<tr><td>DATA ULTIMO UOVO</td><td></td><td>DATA NASCITE</td><td></td></tr>
<tr><td>N. UOVA</td><td></td><td>BIANCHE</td><td></td></tr>
<tr><td>PULLI VIVI</td><td></td><td>ALLEVATI</td><td></td></tr>
</table>

<table>
<tr><td colspan="6" align="center">PULLI</td></tr>
<tr><td>N.</td><td>ANELLO NUMER</td><td>SALUTE</td><td>DATA SVEZZ</td><td>SESSO</td><td>NOTE</td></tr>
<tr><td>1</td><td></td><td></td><td></td><td></td><td></td></tr>
<tr><td>2</td><td></td><td></td><td></td><td></td><td></td></tr>
<tr><td>3</td><td></td><td></td><td></td><td></td><td></td></tr>
<tr><td>4</td><td></td><td></td><td></td><td></td><td></td></tr>
<tr><td>5</td><td></td><td></td><td></td><td></td><td></td></tr>
<tr><td>6</td><td></td><td></td><td></td><td></td><td></td></tr>
<tr><td>7</td><td></td><td></td><td></td><td></td><td></td></tr>
</table>

NOTE SULLA COVATA

FEMMINA			
SPECIE – VARIETA'		N. GABBIA	
RNA – N. ANELLO		MM / AAAA NASCITA	

MASCHIO			
SPECIE – VARIETA'		N. GABBIA	
RNA – N. ANELLO		DATA ACCOPPIAMENTO	

COVATA N. _____			
DATA 1° UOVO		GG DI COVA	
DATA ULTIMO UOVO		DATA NASCITE	
N. UOVA		BIANCHE	
PULLI VIVI		ALLEVATI	

PULLI					
N.	ANELLO NUMER	SALUTE	DATA SVEZZ	SESSO	NOTE
1					
2					
3					
4					
5					
6					
7					

NOTE SULLA COVATA

FEMMINA			
SPECIE – VARIETA'		N. GABBIA	
RNA – N. ANELLO		MM / AAAA NASCITA	

MASCHIO			
SPECIE – VARIETA'		N. GABBIA	
RNA – N. ANELLO		DATA ACCOPPIAMENTO	

COVATA N. _______			
DATA 1° UOVO		GG DI COVA	
DATA ULTIMO UOVO		DATA NASCITE	
N. UOVA		BIANCHE	
PULLI VIVI		ALLEVATI	

PULLI					
N.	ANELLO NUMER	SALUTE	DATA SVEZZ	SESSO	NOTE
1					
2					
3					
4					
5					
6					
7					

NOTE SULLA COVATA

<table>
<tr><td colspan="3" align="center">FEMMINA</td></tr>
<tr><td>SPECIE – VARIETA'</td><td>N. GABBIA</td><td></td></tr>
<tr><td>RNA – N. ANELLO</td><td>MM / AAAA NASCITA</td><td></td></tr>
</table>

<table>
<tr><td colspan="3" align="center">MASCHIO</td></tr>
<tr><td>SPECIE – VARIETA'</td><td>N. GABBIA</td><td></td></tr>
<tr><td>RNA – N. ANELLO</td><td>DATA ACCOPPIAMENTO</td><td></td></tr>
</table>

<table>
<tr><td colspan="3" align="center">COVATA N. _____</td></tr>
<tr><td>DATA 1° UOVO</td><td>GG DI COVA</td><td></td></tr>
<tr><td>DATA ULTIMO UOVO</td><td>DATA NASCITE</td><td></td></tr>
<tr><td>N. UOVA</td><td>BIANCHE</td><td></td></tr>
<tr><td>PULLI VIVI</td><td>ALLEVATI</td><td></td></tr>
</table>

			PULLI		
N.	ANELLO NUMER	SALUTE	DATA SVEZZ	SESSO	NOTE
1					
2					
3					
4					
5					
6					
7					

NOTE SULLA COVATA

<table>
<tr><td colspan="3" align="center">FEMMINA</td></tr>
<tr><td>SPECIE – VARIETA'</td><td>N. GABBIA</td><td></td></tr>
<tr><td>RNA – N. ANELLO</td><td>MM / AAAA NASCITA</td><td></td></tr>
</table>

<table>
<tr><td colspan="3" align="center">MASCHIO</td></tr>
<tr><td>SPECIE – VARIETA'</td><td>N. GABBIA</td><td></td></tr>
<tr><td>RNA – N. ANELLO</td><td>DATA ACCOPPIAMENTO</td><td></td></tr>
</table>

<table>
<tr><td colspan="3" align="center">COVATA N. ______</td></tr>
<tr><td>DATA 1° UOVO</td><td>GG DI COVA</td><td></td></tr>
<tr><td>DATA ULTIMO UOVO</td><td>DATA NASCITE</td><td></td></tr>
<tr><td>N. UOVA</td><td>BIANCHE</td><td></td></tr>
<tr><td>PULLI VIVI</td><td>ALLEVATI</td><td></td></tr>
</table>

<table>
<tr><td colspan="6" align="center">PULLI</td></tr>
<tr><td>N.</td><td>ANELLO NUMERO</td><td>SALUTE</td><td>DATA SVEZZ</td><td>SESSO</td><td>NOTE</td></tr>
<tr><td>1</td><td></td><td></td><td></td><td></td><td></td></tr>
<tr><td>2</td><td></td><td></td><td></td><td></td><td></td></tr>
<tr><td>3</td><td></td><td></td><td></td><td></td><td></td></tr>
<tr><td>4</td><td></td><td></td><td></td><td></td><td></td></tr>
<tr><td>5</td><td></td><td></td><td></td><td></td><td></td></tr>
<tr><td>6</td><td></td><td></td><td></td><td></td><td></td></tr>
<tr><td>7</td><td></td><td></td><td></td><td></td><td></td></tr>
</table>

NOTE SULLA COVATA

FEMMINA			
SPECIE – VARIETA'		N. GABBIA	
RNA – N. ANELLO		MM / AAAA NASCITA	

MASCHIO			
SPECIE – VARIETA'		N. GABBIA	
RNA – N. ANELLO		DATA ACCOPPIAMENTO	

COVATA N. _____			
DATA 1° UOVO		GG DI COVA	
DATA ULTIMO UOVO		DATA NASCITE	
N. UOVA		BIANCHE	
PULLI VIVI		ALLEVATI	

PULLI				
N.	ANELLO NUMER	SALUTE	DATA SVEZZ	SESSO	NOTE
1					
2					
3					
4					
5					
6					
7					

NOTE SULLA COVATA

<table>
<tr><td colspan="3" align="center">FEMMINA</td></tr>
<tr><td>SPECIE – VARIETA'</td><td>N. GABBIA</td><td></td></tr>
<tr><td>RNA – N. ANELLO</td><td>MM / AAAA NASCITA</td><td></td></tr>
</table>

<table>
<tr><td colspan="3" align="center">MASCHIO</td></tr>
<tr><td>SPECIE – VARIETA'</td><td>N. GABBIA</td><td></td></tr>
<tr><td>RNA – N. ANELLO</td><td>DATA ACCOPPIAMENTO</td><td></td></tr>
</table>

<table>
<tr><td colspan="3" align="center">COVATA N. _______</td></tr>
<tr><td>DATA 1° UOVO</td><td>GG DI COVA</td><td></td></tr>
<tr><td>DATA ULTIMO UOVO</td><td>DATA NASCITE</td><td></td></tr>
<tr><td>N. UOVA</td><td>BIANCHE</td><td></td></tr>
<tr><td>PULLI VIVI</td><td>ALLEVATI</td><td></td></tr>
</table>

<table>
<tr><td colspan="5" align="center">PULLI</td></tr>
<tr><td>N.</td><td>ANELLO NUMER</td><td>SALUTE</td><td>DATA SVEZZ</td><td>SESSO</td><td>NOTE</td></tr>
<tr><td>1</td><td></td><td></td><td></td><td></td><td></td></tr>
<tr><td>2</td><td></td><td></td><td></td><td></td><td></td></tr>
<tr><td>3</td><td></td><td></td><td></td><td></td><td></td></tr>
<tr><td>4</td><td></td><td></td><td></td><td></td><td></td></tr>
<tr><td>5</td><td></td><td></td><td></td><td></td><td></td></tr>
<tr><td>6</td><td></td><td></td><td></td><td></td><td></td></tr>
<tr><td>7</td><td></td><td></td><td></td><td></td><td></td></tr>
</table>

NOTE SULLA COVATA

<table>
<tr><td colspan="3" align="center">FEMMINA</td></tr>
<tr><td>SPECIE – VARIETA'</td><td>N. GABBIA</td><td></td></tr>
<tr><td>RNA – N. ANELLO</td><td>MM / AAAA NASCITA</td><td></td></tr>
</table>

<table>
<tr><td colspan="3" align="center">MASCHIO</td></tr>
<tr><td>SPECIE – VARIETA'</td><td>N. GABBIA</td><td></td></tr>
<tr><td>RNA – N. ANELLO</td><td>DATA ACCOPPIAMENTO</td><td></td></tr>
</table>

<table>
<tr><td colspan="3" align="center">COVATA N. _____</td></tr>
<tr><td>DATA 1° UOVO</td><td>GG DI COVA</td><td></td></tr>
<tr><td>DATA ULTIMO UOVO</td><td>DATA NASCITE</td><td></td></tr>
<tr><td>N. UOVA</td><td>BIANCHE</td><td></td></tr>
<tr><td>PULLI VIVI</td><td>ALLEVATI</td><td></td></tr>
</table>

		PULLI			
N.	ANELLO NUMER	SALUTE	DATA SVEZZ	SESSO	NOTE
1					
2					
3					
4					
5					
6					
7					

NOTE SULLA COVATA

<table>
<tr><td colspan="3" align="center">FEMMINA</td></tr>
<tr><td>SPECIE – VARIETA'</td><td>N. GABBIA</td><td></td></tr>
<tr><td>RNA – N. ANELLO</td><td>MM / AAAA NASCITA</td><td></td></tr>
</table>

<table>
<tr><td colspan="3" align="center">MASCHIO</td></tr>
<tr><td>SPECIE – VARIETA'</td><td>N. GABBIA</td><td></td></tr>
<tr><td>RNA – N. ANELLO</td><td>DATA ACCOPPIAMENTO</td><td></td></tr>
</table>

<table>
<tr><td colspan="3" align="center">COVATA N. _____</td></tr>
<tr><td>DATA 1° UOVO</td><td>GG DI COVA</td><td></td></tr>
<tr><td>DATA ULTIMO UOVO</td><td>DATA NASCITE</td><td></td></tr>
<tr><td>N. UOVA</td><td>BIANCHE</td><td></td></tr>
<tr><td>PULLI VIVI</td><td>ALLEVATI</td><td></td></tr>
</table>

<table>
<tr><td colspan="6" align="center">PULLI</td></tr>
<tr><td>N.</td><td>ANELLO NUMER</td><td>SALUTE</td><td>DATA SVEZZ</td><td>SESSO</td><td>NOTE</td></tr>
<tr><td>1</td><td></td><td></td><td></td><td></td><td></td></tr>
<tr><td>2</td><td></td><td></td><td></td><td></td><td></td></tr>
<tr><td>3</td><td></td><td></td><td></td><td></td><td></td></tr>
<tr><td>4</td><td></td><td></td><td></td><td></td><td></td></tr>
<tr><td>5</td><td></td><td></td><td></td><td></td><td></td></tr>
<tr><td>6</td><td></td><td></td><td></td><td></td><td></td></tr>
<tr><td>7</td><td></td><td></td><td></td><td></td><td></td></tr>
</table>

NOTE SULLA COVATA

<table>
<tr><td colspan="4" align="center">FEMMINA</td></tr>
<tr><td>SPECIE – VARIETA'</td><td></td><td>N. GABBIA</td><td></td></tr>
<tr><td>RNA – N. ANELLO</td><td></td><td>MM / AAAA NASCITA</td><td></td></tr>
</table>

<table>
<tr><td colspan="4" align="center">MASCHIO</td></tr>
<tr><td>SPECIE – VARIETA'</td><td></td><td>N. GABBIA</td><td></td></tr>
<tr><td>RNA – N. ANELLO</td><td></td><td>DATA ACCOPPIAMENTO</td><td></td></tr>
</table>

<table>
<tr><td colspan="4" align="center">COVATA N. _____</td></tr>
<tr><td>DATA 1° UOVO</td><td></td><td>GG DI COVA</td><td></td></tr>
<tr><td>DATA ULTIMO UOVO</td><td></td><td>DATA NASCITE</td><td></td></tr>
<tr><td>N. UOVA</td><td></td><td>BIANCHE</td><td></td></tr>
<tr><td>PULLI VIVI</td><td></td><td>ALLEVATI</td><td></td></tr>
</table>

<table>
<tr><td colspan="6" align="center">PULLI</td></tr>
<tr><td>N.</td><td>ANELLO NUMER</td><td>SALUTE</td><td>DATA SVEZZ</td><td>SESSO</td><td>NOTE</td></tr>
<tr><td>1</td><td></td><td></td><td></td><td></td><td></td></tr>
<tr><td>2</td><td></td><td></td><td></td><td></td><td></td></tr>
<tr><td>3</td><td></td><td></td><td></td><td></td><td></td></tr>
<tr><td>4</td><td></td><td></td><td></td><td></td><td></td></tr>
<tr><td>5</td><td></td><td></td><td></td><td></td><td></td></tr>
<tr><td>6</td><td></td><td></td><td></td><td></td><td></td></tr>
<tr><td>7</td><td></td><td></td><td></td><td></td><td></td></tr>
</table>

NOTE SULLA COVATA

<table>
<tr><td colspan="4" align="center">FEMMINA</td></tr>
<tr><td>SPECIE – VARIETA'</td><td></td><td>N. GABBIA</td><td></td></tr>
<tr><td>RNA – N. ANELLO</td><td></td><td>MM / AAAA NASCITA</td><td></td></tr>
</table>

<table>
<tr><td colspan="4" align="center">MASCHIO</td></tr>
<tr><td>SPECIE – VARIETA'</td><td></td><td>N. GABBIA</td><td></td></tr>
<tr><td>RNA – N. ANELLO</td><td></td><td>DATA ACCOPPIAMENTO</td><td></td></tr>
</table>

<table>
<tr><td colspan="4" align="center">COVATA N. _____</td></tr>
<tr><td>DATA 1° UOVO</td><td></td><td>GG DI COVA</td><td></td></tr>
<tr><td>DATA ULTIMO UOVO</td><td></td><td>DATA NASCITE</td><td></td></tr>
<tr><td>N. UOVA</td><td></td><td>BIANCHE</td><td></td></tr>
<tr><td>PULLI VIVI</td><td></td><td>ALLEVATI</td><td></td></tr>
</table>

<table>
<tr><td colspan="6" align="center">PULLI</td></tr>
<tr><td>N.</td><td>ANELLO NUMER</td><td>SALUTE</td><td>DATA SVEZZ</td><td>SESSO</td><td>NOTE</td></tr>
<tr><td>1</td><td></td><td></td><td></td><td></td><td></td></tr>
<tr><td>2</td><td></td><td></td><td></td><td></td><td></td></tr>
<tr><td>3</td><td></td><td></td><td></td><td></td><td></td></tr>
<tr><td>4</td><td></td><td></td><td></td><td></td><td></td></tr>
<tr><td>5</td><td></td><td></td><td></td><td></td><td></td></tr>
<tr><td>6</td><td></td><td></td><td></td><td></td><td></td></tr>
<tr><td>7</td><td></td><td></td><td></td><td></td><td></td></tr>
</table>

NOTE SULLA COVATA

<table>
<tr><td colspan="3" align="center">FEMMINA</td></tr>
<tr><td>SPECIE – VARIETA'</td><td>N. GABBIA</td><td></td></tr>
<tr><td>RNA – N. ANELLO</td><td>MM / AAAA NASCITA</td><td></td></tr>
</table>

<table>
<tr><td colspan="3" align="center">MASCHIO</td></tr>
<tr><td>SPECIE – VARIETA'</td><td>N. GABBIA</td><td></td></tr>
<tr><td>RNA – N. ANELLO</td><td>DATA ACCOPPIAMENTO</td><td></td></tr>
</table>

<table>
<tr><td colspan="3" align="center">COVATA N. ______</td></tr>
<tr><td>DATA 1° UOVO</td><td>GG DI COVA</td><td></td></tr>
<tr><td>DATA ULTIMO UOVO</td><td>DATA NASCITE</td><td></td></tr>
<tr><td>N. UOVA</td><td>BIANCHE</td><td></td></tr>
<tr><td>PULLI VIVI</td><td>ALLEVATI</td><td></td></tr>
</table>

PULLI					
N.	ANELLO NUMER	SALUTE	DATA SVEZZ	SESSO	NOTE
1					
2					
3					
4					
5					
6					
7					

NOTE SULLA COVATA

<table>
<tr><td colspan="4" align="center">FEMMINA</td></tr>
<tr><td>SPECIE – VARIETA'</td><td></td><td>N. GABBIA</td><td></td></tr>
<tr><td>RNA – N. ANELLO</td><td></td><td>MM / AAAA NASCITA</td><td></td></tr>
</table>

<table>
<tr><td colspan="4" align="center">MASCHIO</td></tr>
<tr><td>SPECIE – VARIETA'</td><td></td><td>N. GABBIA</td><td></td></tr>
<tr><td>RNA – N. ANELLO</td><td></td><td>DATA ACCOPPIAMENTO</td><td></td></tr>
</table>

<table>
<tr><td colspan="4" align="center">COVATA N. _____</td></tr>
<tr><td>DATA 1° UOVO</td><td></td><td>GG DI COVA</td><td></td></tr>
<tr><td>DATA ULTIMO UOVO</td><td></td><td>DATA NASCITE</td><td></td></tr>
<tr><td>N. UOVA</td><td></td><td>BIANCHE</td><td></td></tr>
<tr><td>PULLI VIVI</td><td></td><td>ALLEVATI</td><td></td></tr>
</table>

PULLI				
N.	ANELLO NUMER	SALUTE	DATA SVEZZ	SESSO	NOTE
1					
2					
3					
4					
5					
6					
7					

NOTE SULLA COVATA

FEMMINA			
SPECIE – VARIETA'		N. GABBIA	
RNA – N. ANELLO		MM / AAAA NASCITA	

MASCHIO			
SPECIE – VARIETA'		N. GABBIA	
RNA – N. ANELLO		DATA ACCOPPIAMENTO	

COVATA N. _____			
DATA 1° UOVO		GG DI COVA	
DATA ULTIMO UOVO		DATA NASCITE	
N. UOVA		BIANCHE	
PULLI VIVI		ALLEVATI	

PULLI					
N.	ANELLO NUMERO	SALUTE	DATA SVEZZ	SESSO	NOTE
1					
2					
3					
4					
5					
6					
7					

NOTE SULLA COVATA

<table>
<tr><td colspan="3" align="center">FEMMINA</td></tr>
<tr><td>SPECIE – VARIETA'</td><td>N. GABBIA</td><td></td></tr>
<tr><td>RNA – N. ANELLO</td><td>MM / AAAA NASCITA</td><td></td></tr>
</table>

<table>
<tr><td colspan="3" align="center">MASCHIO</td></tr>
<tr><td>SPECIE – VARIETA'</td><td>N. GABBIA</td><td></td></tr>
<tr><td>RNA – N. ANELLO</td><td>DATA ACCOPPIAMENTO</td><td></td></tr>
</table>

<table>
<tr><td colspan="3" align="center">COVATA N. _______</td></tr>
<tr><td>DATA 1° UOVO</td><td>GG DI COVA</td><td></td></tr>
<tr><td>DATA ULTIMO UOVO</td><td>DATA NASCITE</td><td></td></tr>
<tr><td>N. UOVA</td><td>BIANCHE</td><td></td></tr>
<tr><td>PULLI VIVI</td><td>ALLEVATI</td><td></td></tr>
</table>

PULLI					
N.	ANELLO NUMER	SALUTE	DATA SVEZZ	SESSO	NOTE
1					
2					
3					
4					
5					
6					
7					

NOTE SULLA COVATA

<table>
<tr><td colspan="3">FEMMINA</td></tr>
<tr><td>SPECIE – VARIETA'</td><td>N. GABBIA</td><td></td></tr>
<tr><td>RNA – N. ANELLO</td><td>MM / AAAA NASCITA</td><td></td></tr>
</table>

<table>
<tr><td colspan="3">MASCHIO</td></tr>
<tr><td>SPECIE – VARIETA'</td><td>N. GABBIA</td><td></td></tr>
<tr><td>RNA – N. ANELLO</td><td>DATA ACCOPPIAMENTO</td><td></td></tr>
</table>

<table>
<tr><td colspan="3">COVATA N. _____</td></tr>
<tr><td>DATA 1° UOVO</td><td>GG DI COVA</td><td></td></tr>
<tr><td>DATA ULTIMO UOVO</td><td>DATA NASCITE</td><td></td></tr>
<tr><td>N. UOVA</td><td>BIANCHE</td><td></td></tr>
<tr><td>PULLI VIVI</td><td>ALLEVATI</td><td></td></tr>
</table>

<table>
<tr><td colspan="7">PULLI</td></tr>
<tr><td>N.</td><td>ANELLO NUMERO</td><td>SALUTE</td><td>DATA SVEZZ</td><td>SESSO</td><td>NOTE</td></tr>
<tr><td>1</td><td></td><td></td><td></td><td></td><td></td></tr>
<tr><td>2</td><td></td><td></td><td></td><td></td><td></td></tr>
<tr><td>3</td><td></td><td></td><td></td><td></td><td></td></tr>
<tr><td>4</td><td></td><td></td><td></td><td></td><td></td></tr>
<tr><td>5</td><td></td><td></td><td></td><td></td><td></td></tr>
<tr><td>6</td><td></td><td></td><td></td><td></td><td></td></tr>
<tr><td>7</td><td></td><td></td><td></td><td></td><td></td></tr>
</table>

NOTE SULLA COVATA

<table>
<tr><td colspan="3" align="center">FEMMINA</td></tr>
<tr><td>SPECIE – VARIETA'</td><td>N. GABBIA</td><td></td></tr>
<tr><td>RNA – N. ANELLO</td><td>MM / AAAA NASCITA</td><td></td></tr>
</table>

<table>
<tr><td colspan="3" align="center">MASCHIO</td></tr>
<tr><td>SPECIE – VARIETA'</td><td>N. GABBIA</td><td></td></tr>
<tr><td>RNA – N. ANELLO</td><td>DATA ACCOPPIAMENTO</td><td></td></tr>
</table>

<table>
<tr><td colspan="3" align="center">COVATA N. ______</td></tr>
<tr><td>DATA 1° UOVO</td><td>GG DI COVA</td><td></td></tr>
<tr><td>DATA ULTIMO UOVO</td><td>DATA NASCITE</td><td></td></tr>
<tr><td>N. UOVA</td><td>BIANCHE</td><td></td></tr>
<tr><td>PULLI VIVI</td><td>ALLEVATI</td><td></td></tr>
</table>

	PULLI			
N.	ANELLO NUMER	SALUTE	DATA SVEZZ	SESSO	NOTE
1					
2					
3					
4					
5					
6					
7					

NOTE SULLA COVATA

<table>
<tr><td colspan="3" align="center">FEMMINA</td></tr>
<tr><td>SPECIE – VARIETA'</td><td>N. GABBIA</td><td></td></tr>
<tr><td>RNA – N. ANELLO</td><td>MM / AAAA NASCITA</td><td></td></tr>
</table>

<table>
<tr><td colspan="3" align="center">MASCHIO</td></tr>
<tr><td>SPECIE – VARIETA'</td><td>N. GABBIA</td><td></td></tr>
<tr><td>RNA – N. ANELLO</td><td>DATA ACCOPPIAMENTO</td><td></td></tr>
</table>

<table>
<tr><td colspan="3" align="center">COVATA N. _____</td></tr>
<tr><td>DATA 1° UOVO</td><td>GG DI COVA</td><td></td></tr>
<tr><td>DATA ULTIMO UOVO</td><td>DATA NASCITE</td><td></td></tr>
<tr><td>N. UOVA</td><td>BIANCHE</td><td></td></tr>
<tr><td>PULLI VIVI</td><td>ALLEVATI</td><td></td></tr>
</table>

	PULLI				
N.	ANELLO NUMER	SALUTE	DATA SVEZZ	SESSO	NOTE
1					
2					
3					
4					
5					
6					
7					

NOTE SULLA COVATA

FEMMINA			
SPECIE – VARIETA'		N. GABBIA	
RNA – N. ANELLO		MM / AAAA NASCITA	

MASCHIO			
SPECIE – VARIETA'		N. GABBIA	
RNA – N. ANELLO		DATA ACCOPPIAMENTO	

COVATA N. _____			
DATA 1° UOVO		GG DI COVA	
DATA ULTIMO UOVO		DATA NASCITE	
N. UOVA		BIANCHE	
PULLI VIVI		ALLEVATI	

PULLI					
N.	ANELLO NUMER	SALUTE	DATA SVEZZ	SESSO	NOTE
1					
2					
3					
4					
5					
6					
7					

NOTE SULLA COVATA

<table>
<tr><td colspan="3" align="center">FEMMINA</td></tr>
<tr><td>SPECIE – VARIETA'</td><td>N. GABBIA</td><td></td></tr>
<tr><td>RNA – N. ANELLO</td><td>MM / AAAA NASCITA</td><td></td></tr>
</table>

<table>
<tr><td colspan="3" align="center">MASCHIO</td></tr>
<tr><td>SPECIE – VARIETA'</td><td>N. GABBIA</td><td></td></tr>
<tr><td>RNA – N. ANELLO</td><td>DATA ACCOPPIAMENTO</td><td></td></tr>
</table>

<table>
<tr><td colspan="3" align="center">COVATA N. _____</td></tr>
<tr><td>DATA 1° UOVO</td><td>GG DI COVA</td><td></td></tr>
<tr><td>DATA ULTIMO UOVO</td><td>DATA NASCITE</td><td></td></tr>
<tr><td>N. UOVA</td><td>BIANCHE</td><td></td></tr>
<tr><td>PULLI VIVI</td><td>ALLEVATI</td><td></td></tr>
</table>

<table>
<tr><td colspan="6" align="center">PULLI</td></tr>
<tr><td>N.</td><td>ANELLO NUMER</td><td>SALUTE</td><td>DATA SVEZZ</td><td>SESSO</td><td>NOTE</td></tr>
<tr><td>1</td><td></td><td></td><td></td><td></td><td></td></tr>
<tr><td>2</td><td></td><td></td><td></td><td></td><td></td></tr>
<tr><td>3</td><td></td><td></td><td></td><td></td><td></td></tr>
<tr><td>4</td><td></td><td></td><td></td><td></td><td></td></tr>
<tr><td>5</td><td></td><td></td><td></td><td></td><td></td></tr>
<tr><td>6</td><td></td><td></td><td></td><td></td><td></td></tr>
<tr><td>7</td><td></td><td></td><td></td><td></td><td></td></tr>
</table>

NOTE SULLA COVATA

<table>
<tr><td colspan="3">FEMMINA</td></tr>
<tr><td>SPECIE – VARIETA'</td><td>N. GABBIA</td><td></td></tr>
<tr><td>RNA – N. ANELLO</td><td>MM / AAAA NASCITA</td><td></td></tr>
</table>

<table>
<tr><td colspan="3">MASCHIO</td></tr>
<tr><td>SPECIE – VARIETA'</td><td>N. GABBIA</td><td></td></tr>
<tr><td>RNA – N. ANELLO</td><td>DATA ACCOPPIAMENTO</td><td></td></tr>
</table>

<table>
<tr><td colspan="3">COVATA N. ______</td></tr>
<tr><td>DATA 1° UOVO</td><td>GG DI COVA</td><td></td></tr>
<tr><td>DATA ULTIMO UOVO</td><td>DATA NASCITE</td><td></td></tr>
<tr><td>N. UOVA</td><td>BIANCHE</td><td></td></tr>
<tr><td>PULLI VIVI</td><td>ALLEVATI</td><td></td></tr>
</table>

<table>
<tr><td colspan="6" align="center">PULLI</td></tr>
<tr><td>N.</td><td>ANELLO NUMER</td><td>SALUTE</td><td>DATA SVEZZ</td><td>SESSO</td><td>NOTE</td></tr>
<tr><td>1</td><td></td><td></td><td></td><td></td><td></td></tr>
<tr><td>2</td><td></td><td></td><td></td><td></td><td></td></tr>
<tr><td>3</td><td></td><td></td><td></td><td></td><td></td></tr>
<tr><td>4</td><td></td><td></td><td></td><td></td><td></td></tr>
<tr><td>5</td><td></td><td></td><td></td><td></td><td></td></tr>
<tr><td>6</td><td></td><td></td><td></td><td></td><td></td></tr>
<tr><td>7</td><td></td><td></td><td></td><td></td><td></td></tr>
</table>

NOTE SULLA COVATA

FEMMINA

SPECIE – VARIETA'		N. GABBIA	
RNA – N. ANELLO		MM / AAAA NASCITA	

MASCHIO

SPECIE – VARIETA'		N. GABBIA	
RNA – N. ANELLO		DATA ACCOPPIAMENTO	

COVATA N. ______

DATA 1° UOVO		GG DI COVA	
DATA ULTIMO UOVO		DATA NASCITE	
N. UOVA		BIANCHE	
PULLI VIVI		ALLEVATI	

PULLI

N.	ANELLO NUMER	SALUTE	DATA SVEZZ	SESSO	NOTE
1					
2					
3					
4					
5					
6					
7					

NOTE SULLA COVATA

FEMMINA			
SPECIE – VARIETA'		N. GABBIA	
RNA – N. ANELLO		MM / AAAA NASCITA	

MASCHIO			
SPECIE – VARIETA'		N. GABBIA	
RNA – N. ANELLO		DATA ACCOPPIAMENTO	

COVATA N. _____			
DATA 1° UOVO		GG DI COVA	
DATA ULTIMO UOVO		DATA NASCITE	
N. UOVA		BIANCHE	
PULLI VIVI		ALLEVATI	

PULLI				
N.	ANELLO NUMERO	SALUTE	DATA SVEZZ	SESSO	NOTE
1					
2					
3					
4					
5					
6					
7					

NOTE SULLA COVATA

<table>
<tr><td colspan="4" align="center">FEMMINA</td></tr>
<tr><td>SPECIE – VARIETA'</td><td></td><td>N. GABBIA</td><td></td></tr>
<tr><td>RNA – N. ANELLO</td><td></td><td>MM / AAAA NASCITA</td><td></td></tr>
</table>

<table>
<tr><td colspan="4" align="center">MASCHIO</td></tr>
<tr><td>SPECIE – VARIETA'</td><td></td><td>N. GABBIA</td><td></td></tr>
<tr><td>RNA – N. ANELLO</td><td></td><td>DATA ACCOPPIAMENTO</td><td></td></tr>
</table>

<table>
<tr><td colspan="4" align="center">COVATA N. ______</td></tr>
<tr><td>DATA 1° UOVO</td><td></td><td>GG DI COVA</td><td></td></tr>
<tr><td>DATA ULTIMO UOVO</td><td></td><td>DATA NASCITE</td><td></td></tr>
<tr><td>N. UOVA</td><td></td><td>BIANCHE</td><td></td></tr>
<tr><td>PULLI VIVI</td><td></td><td>ALLEVATI</td><td></td></tr>
</table>

<table>
<tr><td colspan="6" align="center">PULLI</td></tr>
<tr><td>N.</td><td>ANELLO NUMER</td><td>SALUTE</td><td>DATA SVEZZ</td><td>SESSO</td><td>NOTE</td></tr>
<tr><td>1</td><td></td><td></td><td></td><td></td><td></td></tr>
<tr><td>2</td><td></td><td></td><td></td><td></td><td></td></tr>
<tr><td>3</td><td></td><td></td><td></td><td></td><td></td></tr>
<tr><td>4</td><td></td><td></td><td></td><td></td><td></td></tr>
<tr><td>5</td><td></td><td></td><td></td><td></td><td></td></tr>
<tr><td>6</td><td></td><td></td><td></td><td></td><td></td></tr>
<tr><td>7</td><td></td><td></td><td></td><td></td><td></td></tr>
</table>

NOTE SULLA COVATA

<table>
<tr><td colspan="3" align="center">FEMMINA</td></tr>
<tr><td>SPECIE – VARIETA'</td><td>N. GABBIA</td><td></td></tr>
<tr><td>RNA – N. ANELLO</td><td>MM / AAAA NASCITA</td><td></td></tr>
</table>

<table>
<tr><td colspan="3" align="center">MASCHIO</td></tr>
<tr><td>SPECIE – VARIETA'</td><td>N. GABBIA</td><td></td></tr>
<tr><td>RNA – N. ANELLO</td><td>DATA ACCOPPIAMENTO</td><td></td></tr>
</table>

<table>
<tr><td colspan="3" align="center">COVATA N. _____</td></tr>
<tr><td>DATA 1° UOVO</td><td>GG DI COVA</td><td></td></tr>
<tr><td>DATA ULTIMO UOVO</td><td>DATA NASCITE</td><td></td></tr>
<tr><td>N. UOVA</td><td>BIANCHE</td><td></td></tr>
<tr><td>PULLI VIVI</td><td>ALLEVATI</td><td></td></tr>
</table>

<table>
<tr><td colspan="6" align="center">PULLI</td></tr>
<tr><td>N.</td><td>ANELLO NUMER</td><td>SALUTE</td><td>DATA SVEZZ</td><td>SESSO</td><td>NOTE</td></tr>
<tr><td>1</td><td></td><td></td><td></td><td></td><td></td></tr>
<tr><td>2</td><td></td><td></td><td></td><td></td><td></td></tr>
<tr><td>3</td><td></td><td></td><td></td><td></td><td></td></tr>
<tr><td>4</td><td></td><td></td><td></td><td></td><td></td></tr>
<tr><td>5</td><td></td><td></td><td></td><td></td><td></td></tr>
<tr><td>6</td><td></td><td></td><td></td><td></td><td></td></tr>
<tr><td>7</td><td></td><td></td><td></td><td></td><td></td></tr>
</table>

NOTE SULLA COVATA

FEMMINA			
SPECIE – VARIETA'		N. GABBIA	
RNA – N. ANELLO		MM / AAAA NASCITA	

MASCHIO			
SPECIE – VARIETA'		N. GABBIA	
RNA – N. ANELLO		DATA ACCOPPIAMENTO	

COVATA N. _____			
DATA 1° UOVO		GG DI COVA	
DATA ULTIMO UOVO		DATA NASCITE	
N. UOVA		BIANCHE	
PULLI VIVI		ALLEVATI	

PULLI				
N.	ANELLO NUMERSALUTE	DATA SVEZZ	SESSO	NOTE
1				
2				
3				
4				
5				
6				
7				

NOTE SULLA COVATA

<table>
<tr><td colspan="3" align="center">FEMMINA</td></tr>
<tr><td>SPECIE – VARIETA'</td><td>N. GABBIA</td><td></td></tr>
<tr><td>RNA – N. ANELLO</td><td>MM / AAAA NASCITA</td><td></td></tr>
</table>

<table>
<tr><td colspan="3" align="center">MASCHIO</td></tr>
<tr><td>SPECIE – VARIETA'</td><td>N. GABBIA</td><td></td></tr>
<tr><td>RNA – N. ANELLO</td><td>DATA ACCOPPIAMENTO</td><td></td></tr>
</table>

<table>
<tr><td colspan="3" align="center">COVATA N. _____</td></tr>
<tr><td>DATA 1° UOVO</td><td>GG DI COVA</td><td></td></tr>
<tr><td>DATA ULTIMO UOVO</td><td>DATA NASCITE</td><td></td></tr>
<tr><td>N. UOVA</td><td>BIANCHE</td><td></td></tr>
<tr><td>PULLI VIVI</td><td>ALLEVATI</td><td></td></tr>
</table>

		PULLI			
N.	ANELLO NUMER	SALUTE	DATA SVEZZ	SESSO	NOTE
1					
2					
3					
4					
5					
6					
7					

NOTE SULLA COVATA

FEMMINA			
SPECIE – VARIETA'		N. GABBIA	
RNA – N. ANELLO		MM / AAAA NASCITA	

MASCHIO			
SPECIE – VARIETA'		N. GABBIA	
RNA – N. ANELLO		DATA ACCOPPIAMENTO	

COVATA N. _____			
DATA 1° UOVO		GG DI COVA	
DATA ULTIMO UOVO		DATA NASCITE	
N. UOVA		BIANCHE	
PULLI VIVI		ALLEVATI	

PULLI					
N.	ANELLO NUMER	SALUTE	DATA SVEZZ	SESSO	NOTE
1					
2					
3					
4					
5					
6					
7					

NOTE SULLA COVATA

<table>
<tr><td colspan="3" align="center">FEMMINA</td></tr>
<tr><td>SPECIE – VARIETA'</td><td>N. GABBIA</td><td></td></tr>
<tr><td>RNA – N. ANELLO</td><td>MM / AAAA NASCITA</td><td></td></tr>
</table>

<table>
<tr><td colspan="3" align="center">MASCHIO</td></tr>
<tr><td>SPECIE – VARIETA'</td><td>N. GABBIA</td><td></td></tr>
<tr><td>RNA – N. ANELLO</td><td>DATA ACCOPPIAMENTO</td><td></td></tr>
</table>

<table>
<tr><td colspan="3" align="center">COVATA N. _____</td></tr>
<tr><td>DATA 1° UOVO</td><td>GG DI COVA</td><td></td></tr>
<tr><td>DATA ULTIMO UOVO</td><td>DATA NASCITE</td><td></td></tr>
<tr><td>N. UOVA</td><td>BIANCHE</td><td></td></tr>
<tr><td>PULLI VIVI</td><td>ALLEVATI</td><td></td></tr>
</table>

<table>
<tr><td colspan="6" align="center">PULLI</td></tr>
<tr><td>N.</td><td>ANELLO NUMERO</td><td>SALUTE</td><td>DATA SVEZZ</td><td>SESSO</td><td>NOTE</td></tr>
<tr><td>1</td><td></td><td></td><td></td><td></td><td></td></tr>
<tr><td>2</td><td></td><td></td><td></td><td></td><td></td></tr>
<tr><td>3</td><td></td><td></td><td></td><td></td><td></td></tr>
<tr><td>4</td><td></td><td></td><td></td><td></td><td></td></tr>
<tr><td>5</td><td></td><td></td><td></td><td></td><td></td></tr>
<tr><td>6</td><td></td><td></td><td></td><td></td><td></td></tr>
<tr><td>7</td><td></td><td></td><td></td><td></td><td></td></tr>
</table>

NOTE SULLA COVATA

FEMMINA			
SPECIE – VARIETA'		N. GABBIA	
RNA – N. ANELLO		MM / AAAA NASCITA	

MASCHIO			
SPECIE – VARIETA'		N. GABBIA	
RNA – N. ANELLO		DATA ACCOPPIAMENTO	

COVATA N. _______			
DATA 1° UOVO		GG DI COVA	
DATA ULTIMO UOVO		DATA NASCITE	
N. UOVA		BIANCHE	
PULLI VIVI		ALLEVATI	

PULLI					
N.	ANELLO NUMER	SALUTE	DATA SVEZZ	SESSO	NOTE
1					
2					
3					
4					
5					
6					
7					

NOTE SULLA COVATA

<table>
<tr><td colspan="3" align="center">FEMMINA</td></tr>
<tr><td>SPECIE – VARIETA'</td><td>N. GABBIA</td><td></td></tr>
<tr><td>RNA – N. ANELLO</td><td>MM / AAAA NASCITA</td><td></td></tr>
</table>

<table>
<tr><td colspan="3" align="center">MASCHIO</td></tr>
<tr><td>SPECIE – VARIETA'</td><td>N. GABBIA</td><td></td></tr>
<tr><td>RNA – N. ANELLO</td><td>DATA ACCOPPIAMENTO</td><td></td></tr>
</table>

<table>
<tr><td colspan="3" align="center">COVATA N. _____</td></tr>
<tr><td>DATA 1° UOVO</td><td>GG DI COVA</td><td></td></tr>
<tr><td>DATA ULTIMO UOVO</td><td>DATA NASCITE</td><td></td></tr>
<tr><td>N. UOVA</td><td>BIANCHE</td><td></td></tr>
<tr><td>PULLI VIVI</td><td>ALLEVATI</td><td></td></tr>
</table>

		PULLI			
N.	ANELLO NUMER	SALUTE	DATA SVEZZ	SESSO	NOTE
1					
2					
3					
4					
5					
6					
7					

NOTE SULLA COVATA

<table>
<tr><td colspan="3" align="center">FEMMINA</td></tr>
<tr><td>SPECIE – VARIETA'</td><td>N. GABBIA</td><td></td></tr>
<tr><td>RNA – N. ANELLO</td><td>MM / AAAA NASCITA</td><td></td></tr>
</table>

<table>
<tr><td colspan="3" align="center">MASCHIO</td></tr>
<tr><td>SPECIE – VARIETA'</td><td>N. GABBIA</td><td></td></tr>
<tr><td>RNA – N. ANELLO</td><td>DATA ACCOPPIAMENTO</td><td></td></tr>
</table>

<table>
<tr><td colspan="3" align="center">COVATA N. _____</td></tr>
<tr><td>DATA 1° UOVO</td><td>GG DI COVA</td><td></td></tr>
<tr><td>DATA ULTIMO UOVO</td><td>DATA NASCITE</td><td></td></tr>
<tr><td>N. UOVA</td><td>BIANCHE</td><td></td></tr>
<tr><td>PULLI VIVI</td><td>ALLEVATI</td><td></td></tr>
</table>

	PULLI				
N.	ANELLO NUMER	SALUTE	DATA SVEZZ	SESSO	NOTE
1					
2					
3					
4					
5					
6					
7					

NOTE SULLA COVATA

FEMMINA			
SPECIE – VARIETA'		N. GABBIA	
RNA – N. ANELLO		MM / AAAA NASCITA	

MASCHIO			
SPECIE – VARIETA'		N. GABBIA	
RNA – N. ANELLO		DATA ACCOPPIAMENTO	

COVATA N. ______			
DATA 1° UOVO		GG DI COVA	
DATA ULTIMO UOVO		DATA NASCITE	
N. UOVA		BIANCHE	
PULLI VIVI		ALLEVATI	

PULLI				
N.	ANELLO NUMERO	SALUTE	DATA SVEZZ	SESSO	NOTE
1					
2					
3					
4					
5					
6					
7					

NOTE SULLA COVATA

FEMMINA

SPECIE – VARIETA'		N. GABBIA	
RNA – N. ANELLO		MM / AAAA NASCITA	

MASCHIO

SPECIE – VARIETA'		N. GABBIA	
RNA – N. ANELLO		DATA ACCOPPIAMENTO	

COVATA N. _____

DATA 1° UOVO		GG DI COVA	
DATA ULTIMO UOVO		DATA NASCITE	
N. UOVA		BIANCHE	
PULLI VIVI		ALLEVATI	

PULLI

N.	ANELLO NUMERO	SALUTE	DATA SVEZZ	SESSO	NOTE
1					
2					
3					
4					
5					
6					
7					

NOTE SULLA COVATA

FEMMINA			
SPECIE – VARIETA'		N. GABBIA	
RNA – N. ANELLO		MM / AAAA NASCITA	

MASCHIO			
SPECIE – VARIETA'		N. GABBIA	
RNA – N. ANELLO		DATA ACCOPPIAMENTO	

COVATA N. ______			
DATA 1° UOVO		GG DI COVA	
DATA ULTIMO UOVO		DATA NASCITE	
N. UOVA		BIANCHE	
PULLI VIVI		ALLEVATI	

PULLI					
N.	ANELLO NUMER	SALUTE	DATA SVEZZ	SESSO	NOTE
1					
2					
3					
4					
5					
6					
7					

NOTE SULLA COVATA

FEMMINA			
SPECIE – VARIETA'		N. GABBIA	
RNA – N. ANELLO		MM / AAAA NASCITA	

MASCHIO			
SPECIE – VARIETA'		N. GABBIA	
RNA – N. ANELLO		DATA ACCOPPIAMENTO	

COVATA N. _____			
DATA 1° UOVO		GG DI COVA	
DATA ULTIMO UOVO		DATA NASCITE	
N. UOVA		BIANCHE	
PULLI VIVI		ALLEVATI	

PULLI					
N.	ANELLO NUMERO	SALUTE	DATA SVEZZ	SESSO	NOTE
1					
2					
3					
4					
5					
6					
7					

NOTE SULLA COVATA

FEMMINA			
SPECIE – VARIETA'		N. GABBIA	
RNA – N. ANELLO		MM / AAAA NASCITA	

MASCHIO			
SPECIE – VARIETA'		N. GABBIA	
RNA – N. ANELLO		DATA ACCOPPIAMENTO	

COVATA N. _____			
DATA 1° UOVO		GG DI COVA	
DATA ULTIMO UOVO		DATA NASCITE	
N. UOVA		BIANCHE	
PULLI VIVI		ALLEVATI	

PULLI					
N.	ANELLO NUMER	SALUTE	DATA SVEZZ	SESSO	NOTE
1					
2					
3					
4					
5					
6					
7					

NOTE SULLA COVATA

FEMMINA		
SPECIE – VARIETA'	N. GABBIA	
RNA – N. ANELLO	MM / AAAA NASCITA	

MASCHIO		
SPECIE – VARIETA'	N. GABBIA	
RNA – N. ANELLO	DATA ACCOPPIAMENTO	

COVATA N. _____		
DATA 1° UOVO	GG DI COVA	
DATA ULTIMO UOVO	DATA NASCITE	
N. UOVA	BIANCHE	
PULLI VIVI	ALLEVATI	

PULLI					
N.	ANELLO NUMER	SALUTE	DATA SVEZZ	SESSO	NOTE
1					
2					
3					
4					
5					
6					
7					

NOTE SULLA COVATA

<table>
<tr><td colspan="4" align="center">FEMMINA</td></tr>
<tr><td>SPECIE – VARIETA'</td><td></td><td>N. GABBIA</td><td></td></tr>
<tr><td>RNA – N. ANELLO</td><td></td><td>MM / AAAA NASCITA</td><td></td></tr>
</table>

<table>
<tr><td colspan="4" align="center">MASCHIO</td></tr>
<tr><td>SPECIE – VARIETA'</td><td></td><td>N. GABBIA</td><td></td></tr>
<tr><td>RNA – N. ANELLO</td><td></td><td>DATA ACCOPPIAMENTO</td><td></td></tr>
</table>

<table>
<tr><td colspan="4" align="center">COVATA N. _____</td></tr>
<tr><td>DATA 1° UOVO</td><td></td><td>GG DI COVA</td><td></td></tr>
<tr><td>DATA ULTIMO UOVO</td><td></td><td>DATA NASCITE</td><td></td></tr>
<tr><td>N. UOVA</td><td></td><td>BIANCHE</td><td></td></tr>
<tr><td>PULLI VIVI</td><td></td><td>ALLEVATI</td><td></td></tr>
</table>

	PULLI				
N.	ANELLO NUMER	SALUTE	DATA SVEZZ	SESSO	NOTE
1					
2					
3					
4					
5					
6					
7					

NOTE SULLA COVATA

<table>
<tr><td colspan="4" align="center">FEMMINA</td></tr>
<tr><td>SPECIE – VARIETA'</td><td></td><td>N. GABBIA</td><td></td></tr>
<tr><td>RNA – N. ANELLO</td><td></td><td>MM / AAAA NASCITA</td><td></td></tr>
</table>

<table>
<tr><td colspan="4" align="center">MASCHIO</td></tr>
<tr><td>SPECIE – VARIETA'</td><td></td><td>N. GABBIA</td><td></td></tr>
<tr><td>RNA – N. ANELLO</td><td></td><td>DATA ACCOPPIAMENTO</td><td></td></tr>
</table>

<table>
<tr><td colspan="4" align="center">COVATA N. _____</td></tr>
<tr><td>DATA 1° UOVO</td><td></td><td>GG DI COVA</td><td></td></tr>
<tr><td>DATA ULTIMO UOVO</td><td></td><td>DATA NASCITE</td><td></td></tr>
<tr><td>N. UOVA</td><td></td><td>BIANCHE</td><td></td></tr>
<tr><td>PULLI VIVI</td><td></td><td>ALLEVATI</td><td></td></tr>
</table>

			PULLI			
N.	ANELLO NUMER	SALUTE		DATA SVEZZ	SESSO	NOTE
1						
2						
3						
4						
5						
6						
7						

NOTE SULLA COVATA

<table>
<tr><td colspan="3" align="center">FEMMINA</td></tr>
<tr><td>SPECIE – VARIETA'</td><td>N. GABBIA</td><td></td></tr>
<tr><td>RNA – N. ANELLO</td><td>MM / AAAA NASCITA</td><td></td></tr>
</table>

<table>
<tr><td colspan="3" align="center">MASCHIO</td></tr>
<tr><td>SPECIE – VARIETA'</td><td>N. GABBIA</td><td></td></tr>
<tr><td>RNA – N. ANELLO</td><td>DATA ACCOPPIAMENTO</td><td></td></tr>
</table>

<table>
<tr><td colspan="3" align="center">COVATA N. _____</td></tr>
<tr><td>DATA 1° UOVO</td><td>GG DI COVA</td><td></td></tr>
<tr><td>DATA ULTIMO UOVO</td><td>DATA NASCITE</td><td></td></tr>
<tr><td>N. UOVA</td><td>BIANCHE</td><td></td></tr>
<tr><td>PULLI VIVI</td><td>ALLEVATI</td><td></td></tr>
</table>

	PULLI			
N.	ANELLO NUMER	SALUTE	DATA SVEZZ	SESSO	NOTE
1					
2					
3					
4					
5					
6					
7					

NOTE SULLA COVATA

<table>
<tr><td colspan="3" align="center">FEMMINA</td></tr>
<tr><td>SPECIE – VARIETA'</td><td>N. GABBIA</td><td></td></tr>
<tr><td>RNA – N. ANELLO</td><td>MM / AAAA NASCITA</td><td></td></tr>
</table>

<table>
<tr><td colspan="3" align="center">MASCHIO</td></tr>
<tr><td>SPECIE – VARIETA'</td><td>N. GABBIA</td><td></td></tr>
<tr><td>RNA – N. ANELLO</td><td>DATA ACCOPPIAMENTO</td><td></td></tr>
</table>

<table>
<tr><td colspan="3" align="center">COVATA N. _____</td></tr>
<tr><td>DATA 1° UOVO</td><td>GG DI COVA</td><td></td></tr>
<tr><td>DATA ULTIMO UOVO</td><td>DATA NASCITE</td><td></td></tr>
<tr><td>N. UOVA</td><td>BIANCHE</td><td></td></tr>
<tr><td>PULLI VIVI</td><td>ALLEVATI</td><td></td></tr>
</table>

		PULLI			
N.	ANELLO NUMER	SALUTE	DATA SVEZZ	SESSO	NOTE
1					
2					
3					
4					
5					
6					
7					

NOTE SULLA COVATA

FEMMINA		
SPECIE – VARIETA'	N. GABBIA	
RNA – N. ANELLO	MM / AAAA NASCITA	

MASCHIO		
SPECIE – VARIETA'	N. GABBIA	
RNA – N. ANELLO	DATA ACCOPPIAMENTO	

COVATA N. ____		
DATA 1° UOVO	GG DI COVA	
DATA ULTIMO UOVO	DATA NASCITE	
N. UOVA	BIANCHE	
PULLI VIVI	ALLEVATI	

PULLI					
N.	ANELLO NUMER	SALUTE	DATA SVEZZ	SESSO	NOTE
1					
2					
3					
4					
5					
6					
7					

NOTE SULLA COVATA

<table>
<tr><td colspan="4" align="center">FEMMINA</td></tr>
<tr><td>SPECIE – VARIETA'</td><td></td><td>N. GABBIA</td><td></td></tr>
<tr><td>RNA – N. ANELLO</td><td></td><td>MM / AAAA NASCITA</td><td></td></tr>
</table>

<table>
<tr><td colspan="4" align="center">MASCHIO</td></tr>
<tr><td>SPECIE – VARIETA'</td><td></td><td>N. GABBIA</td><td></td></tr>
<tr><td>RNA – N. ANELLO</td><td></td><td>DATA ACCOPPIAMENTO</td><td></td></tr>
</table>

<table>
<tr><td colspan="4" align="center">COVATA N. _____</td></tr>
<tr><td>DATA 1° UOVO</td><td></td><td>GG DI COVA</td><td></td></tr>
<tr><td>DATA ULTIMO UOVO</td><td></td><td>DATA NASCITE</td><td></td></tr>
<tr><td>N. UOVA</td><td></td><td>BIANCHE</td><td></td></tr>
<tr><td>PULLI VIVI</td><td></td><td>ALLEVATI</td><td></td></tr>
</table>

	PULLI				
N.	ANELLO NUMERO	SALUTE	DATA SVEZZ	SESSO	NOTE
1					
2					
3					
4					
5					
6					
7					

NOTE SULLA COVATA

<table>
<tr><td colspan="4" align="center">FEMMINA</td></tr>
<tr><td>SPECIE – VARIETA'</td><td></td><td>N. GABBIA</td><td></td></tr>
<tr><td>RNA – N. ANELLO</td><td></td><td>MM / AAAA NASCITA</td><td></td></tr>
</table>

<table>
<tr><td colspan="4" align="center">MASCHIO</td></tr>
<tr><td>SPECIE – VARIETA'</td><td></td><td>N. GABBIA</td><td></td></tr>
<tr><td>RNA – N. ANELLO</td><td></td><td>DATA ACCOPPIAMENTO</td><td></td></tr>
</table>

<table>
<tr><td colspan="4" align="center">COVATA N. _____</td></tr>
<tr><td>DATA 1° UOVO</td><td></td><td>GG DI COVA</td><td></td></tr>
<tr><td>DATA ULTIMO UOVO</td><td></td><td>DATA NASCITE</td><td></td></tr>
<tr><td>N. UOVA</td><td></td><td>BIANCHE</td><td></td></tr>
<tr><td>PULLI VIVI</td><td></td><td>ALLEVATI</td><td></td></tr>
</table>

<table>
<tr><td colspan="6" align="center">PULLI</td></tr>
<tr><td>N.</td><td>ANELLO NUMER</td><td>SALUTE</td><td>DATA SVEZZ</td><td>SESSO</td><td>NOTE</td></tr>
<tr><td>1</td><td></td><td></td><td></td><td></td><td></td></tr>
<tr><td>2</td><td></td><td></td><td></td><td></td><td></td></tr>
<tr><td>3</td><td></td><td></td><td></td><td></td><td></td></tr>
<tr><td>4</td><td></td><td></td><td></td><td></td><td></td></tr>
<tr><td>5</td><td></td><td></td><td></td><td></td><td></td></tr>
<tr><td>6</td><td></td><td></td><td></td><td></td><td></td></tr>
<tr><td>7</td><td></td><td></td><td></td><td></td><td></td></tr>
</table>

NOTE SULLA COVATA

FEMMINA		
SPECIE – VARIETA'	N. GABBIA	
RNA – N. ANELLO	MM / AAAA NASCITA	

MASCHIO		
SPECIE – VARIETA'	N. GABBIA	
RNA – N. ANELLO	DATA ACCOPPIAMENTO	

COVATA N. _____		
DATA 1° UOVO	GG DI COVA	
DATA ULTIMO UOVO	DATA NASCITE	
N. UOVA	BIANCHE	
PULLI VIVI	ALLEVATI	

PULLI					
N.	ANELLO NUMER	SALUTE	DATA SVEZZ	SESSO	NOTE
1					
2					
3					
4					
5					
6					
7					

NOTE SULLA COVATA

FEMMINA		
SPECIE – VARIETA'	N. GABBIA	
RNA – N. ANELLO	MM / AAAA NASCITA	

MASCHIO		
SPECIE – VARIETA'	N. GABBIA	
RNA – N. ANELLO	DATA ACCOPPIAMENTO	

COVATA N. _____		
DATA 1° UOVO	GG DI COVA	
DATA ULTIMO UOVO	DATA NASCITE	
N. UOVA	BIANCHE	
PULLI VIVI	ALLEVATI	

PULLI				
N.	ANELLO NUMER	SALUTE	DATA SVEZZ	SESSO	NOTE
1					
2					
3					
4					
5					
6					
7					

NOTE SULLA COVATA

<table>
<tr><td colspan="3" align="center">FEMMINA</td></tr>
<tr><td>SPECIE – VARIETA'</td><td>N. GABBIA</td><td></td></tr>
<tr><td>RNA – N. ANELLO</td><td>MM / AAAA NASCITA</td><td></td></tr>
</table>

<table>
<tr><td colspan="3" align="center">MASCHIO</td></tr>
<tr><td>SPECIE – VARIETA'</td><td>N. GABBIA</td><td></td></tr>
<tr><td>RNA – N. ANELLO</td><td>DATA ACCOPPIAMENTO</td><td></td></tr>
</table>

<table>
<tr><td colspan="3" align="center">COVATA N. _____</td></tr>
<tr><td>DATA 1° UOVO</td><td>GG DI COVA</td><td></td></tr>
<tr><td>DATA ULTIMO UOVO</td><td>DATA NASCITE</td><td></td></tr>
<tr><td>N. UOVA</td><td>BIANCHE</td><td></td></tr>
<tr><td>PULLI VIVI</td><td>ALLEVATI</td><td></td></tr>
</table>

	PULLI				
N.	ANELLO NUMER	SALUTE	DATA SVEZZ	SESSO	NOTE
1					
2					
3					
4					
5					
6					
7					

NOTE SULLA COVATA

<table>
<tr><td colspan="3" align="center">FEMMINA</td></tr>
<tr><td>SPECIE – VARIETA'</td><td>N. GABBIA</td><td></td></tr>
<tr><td>RNA – N. ANELLO</td><td>MM / AAAA NASCITA</td><td></td></tr>
</table>

<table>
<tr><td colspan="3" align="center">MASCHIO</td></tr>
<tr><td>SPECIE – VARIETA'</td><td>N. GABBIA</td><td></td></tr>
<tr><td>RNA – N. ANELLO</td><td>DATA ACCOPPIAMENTO</td><td></td></tr>
</table>

<table>
<tr><td colspan="3" align="center">COVATA N. ______</td></tr>
<tr><td>DATA 1° UOVO</td><td>GG DI COVA</td><td></td></tr>
<tr><td>DATA ULTIMO UOVO</td><td>DATA NASCITE</td><td></td></tr>
<tr><td>N. UOVA</td><td>BIANCHE</td><td></td></tr>
<tr><td>PULLI VIVI</td><td>ALLEVATI</td><td></td></tr>
</table>

	PULLI				
N.	ANELLO NUMER	SALUTE	DATA SVEZZ	SESSO	NOTE
1					
2					
3					
4					
5					
6					
7					

NOTE SULLA COVATA

FEMMINA			
SPECIE – VARIETA'		N. GABBIA	
RNA – N. ANELLO		MM / AAAA NASCITA	

MASCHIO			
SPECIE – VARIETA'		N. GABBIA	
RNA – N. ANELLO		DATA ACCOPPIAMENTO	

COVATA N. ______			
DATA 1° UOVO		GG DI COVA	
DATA ULTIMO UOVO		DATA NASCITE	
N. UOVA		BIANCHE	
PULLI VIVI		ALLEVATI	

PULLI					
N.	ANELLO NUMER	SALUTE	DATA SVEZZ	SESSO	NOTE
1					
2					
3					
4					
5					
6					
7					

NOTE SULLA COVATA

<table>
<tr><td colspan="3">FEMMINA</td></tr>
<tr><td>SPECIE – VARIETA'</td><td>N. GABBIA</td><td></td></tr>
<tr><td>RNA – N. ANELLO</td><td>MM / AAAA NASCITA</td><td></td></tr>
</table>

<table>
<tr><td colspan="3">MASCHIO</td></tr>
<tr><td>SPECIE – VARIETA'</td><td>N. GABBIA</td><td></td></tr>
<tr><td>RNA – N. ANELLO</td><td>DATA ACCOPPIAMENTO</td><td></td></tr>
</table>

<table>
<tr><td colspan="3">COVATA N. _____</td></tr>
<tr><td>DATA 1° UOVO</td><td>GG DI COVA</td><td></td></tr>
<tr><td>DATA ULTIMO UOVO</td><td>DATA NASCITE</td><td></td></tr>
<tr><td>N. UOVA</td><td>BIANCHE</td><td></td></tr>
<tr><td>PULLI VIVI</td><td>ALLEVATI</td><td></td></tr>
</table>

<table>
<tr><td colspan="6">PULLI</td></tr>
<tr><td>N.</td><td>ANELLO NUMER</td><td>SALUTE</td><td>DATA SVEZZ</td><td>SESSO</td><td>NOTE</td></tr>
<tr><td>1</td><td></td><td></td><td></td><td></td><td></td></tr>
<tr><td>2</td><td></td><td></td><td></td><td></td><td></td></tr>
<tr><td>3</td><td></td><td></td><td></td><td></td><td></td></tr>
<tr><td>4</td><td></td><td></td><td></td><td></td><td></td></tr>
<tr><td>5</td><td></td><td></td><td></td><td></td><td></td></tr>
<tr><td>6</td><td></td><td></td><td></td><td></td><td></td></tr>
<tr><td>7</td><td></td><td></td><td></td><td></td><td></td></tr>
</table>

NOTE SULLA COVATA

<table>
<tr><td colspan="4" align="center">FEMMINA</td></tr>
<tr><td>SPECIE – VARIETA'</td><td></td><td>N. GABBIA</td><td></td></tr>
<tr><td>RNA – N. ANELLO</td><td></td><td>MM / AAAA NASCITA</td><td></td></tr>
</table>

<table>
<tr><td colspan="4" align="center">MASCHIO</td></tr>
<tr><td>SPECIE – VARIETA'</td><td></td><td>N. GABBIA</td><td></td></tr>
<tr><td>RNA – N. ANELLO</td><td></td><td>DATA ACCOPPIAMENTO</td><td></td></tr>
</table>

<table>
<tr><td colspan="4" align="center">COVATA N. _____</td></tr>
<tr><td>DATA 1° UOVO</td><td></td><td>GG DI COVA</td><td></td></tr>
<tr><td>DATA ULTIMO UOVO</td><td></td><td>DATA NASCITE</td><td></td></tr>
<tr><td>N. UOVA</td><td></td><td>BIANCHE</td><td></td></tr>
<tr><td>PULLI VIVI</td><td></td><td>ALLEVATI</td><td></td></tr>
</table>

	PULLI				
N.	ANELLO NUMER	SALUTE	DATA SVEZZ	SESSO	NOTE
1					
2					
3					
4					
5					
6					
7					

NOTE SULLA COVATA

<table>
<tr><td colspan="3" align="center">FEMMINA</td></tr>
<tr><td>SPECIE – VARIETA'</td><td>N. GABBIA</td><td></td></tr>
<tr><td>RNA – N. ANELLO</td><td>MM / AAAA NASCITA</td><td></td></tr>
</table>

<table>
<tr><td colspan="3" align="center">MASCHIO</td></tr>
<tr><td>SPECIE – VARIETA'</td><td>N. GABBIA</td><td></td></tr>
<tr><td>RNA – N. ANELLO</td><td>DATA ACCOPPIAMENTO</td><td></td></tr>
</table>

<table>
<tr><td colspan="3" align="center">COVATA N. _____</td></tr>
<tr><td>DATA 1° UOVO</td><td>GG DI COVA</td><td></td></tr>
<tr><td>DATA ULTIMO UOVO</td><td>DATA NASCITE</td><td></td></tr>
<tr><td>N. UOVA</td><td>BIANCHE</td><td></td></tr>
<tr><td>PULLI VIVI</td><td>ALLEVATI</td><td></td></tr>
</table>

PULLI					
N.	ANELLO NUMER	SALUTE	DATA SVEZZ	SESSO	NOTE
1					
2					
3					
4					
5					
6					
7					

NOTE SULLA COVATA

<table>
<tr><td colspan="3" align="center">FEMMINA</td></tr>
<tr><td>SPECIE – VARIETA'</td><td>N. GABBIA</td><td></td></tr>
<tr><td>RNA – N. ANELLO</td><td>MM / AAAA NASCITA</td><td></td></tr>
</table>

<table>
<tr><td colspan="3" align="center">MASCHIO</td></tr>
<tr><td>SPECIE – VARIETA'</td><td>N. GABBIA</td><td></td></tr>
<tr><td>RNA – N. ANELLO</td><td>DATA ACCOPPIAMENTO</td><td></td></tr>
</table>

<table>
<tr><td colspan="3" align="center">COVATA N. _____</td></tr>
<tr><td>DATA 1° UOVO</td><td>GG DI COVA</td><td></td></tr>
<tr><td>DATA ULTIMO UOVO</td><td>DATA NASCITE</td><td></td></tr>
<tr><td>N. UOVA</td><td>BIANCHE</td><td></td></tr>
<tr><td>PULLI VIVI</td><td>ALLEVATI</td><td></td></tr>
</table>

	PULLI				
N.	ANELLO NUMER	SALUTE	DATA SVEZZ	SESSO	NOTE
1					
2					
3					
4					
5					
6					
7					

NOTE SULLA COVATA

FEMMINA		
SPECIE – VARIETA'	N. GABBIA	
RNA – N. ANELLO	MM / AAAA NASCITA	

MASCHIO		
SPECIE – VARIETA'	N. GABBIA	
RNA – N. ANELLO	DATA ACCOPPIAMENTO	

COVATA N. _____		
DATA 1° UOVO	GG DI COVA	
DATA ULTIMO UOVO	DATA NASCITE	
N. UOVA	BIANCHE	
PULLI VIVI	ALLEVATI	

PULLI				
N.	ANELLO NUMER	SALUTE	DATA SVEZZ	SESSO	NOTE
1					
2					
3					
4					
5					
6					
7					

NOTE SULLA COVATA

FEMMINA			
SPECIE – VARIETA'		N. GABBIA	
RNA – N. ANELLO		MM / AAAA NASCITA	

MASCHIO			
SPECIE – VARIETA'		N. GABBIA	
RNA – N. ANELLO		DATA ACCOPPIAMENTO	

COVATA N. _____			
DATA 1° UOVO		GG DI COVA	
DATA ULTIMO UOVO		DATA NASCITE	
N. UOVA		BIANCHE	
PULLI VIVI		ALLEVATI	

PULLI					
N.	ANELLO NUMER	SALUTE	DATA SVEZZ	SESSO	NOTE
1					
2					
3					
4					
5					
6					
7					

NOTE SULLA COVATA

	FEMMINA	
SPECIE – VARIETA'	N. GABBIA	
RNA – N. ANELLO	MM / AAAA NASCITA	

	MASCHIO	
SPECIE – VARIETA'	N. GABBIA	
RNA – N. ANELLO	DATA ACCOPPIAMENTO	

	COVATA N. _____	
DATA 1° UOVO	GG DI COVA	
DATA ULTIMO UOVO	DATA NASCITE	
N. UOVA	BIANCHE	
PULLI VIVI	ALLEVATI	

		PULLI		
N.	ANELLO NUMER	SALUTE	DATA SVEZZ	SESSO	NOTE
1					
2					
3					
4					
5					
6					
7					

NOTE SULLA COVATA

<table>
<tr><td colspan="3" align="center">FEMMINA</td></tr>
<tr><td>SPECIE – VARIETA'</td><td>N. GABBIA</td><td></td></tr>
<tr><td>RNA – N. ANELLO</td><td>MM / AAAA NASCITA</td><td></td></tr>
</table>

<table>
<tr><td colspan="3" align="center">MASCHIO</td></tr>
<tr><td>SPECIE – VARIETA'</td><td>N. GABBIA</td><td></td></tr>
<tr><td>RNA – N. ANELLO</td><td>DATA ACCOPPIAMENTO</td><td></td></tr>
</table>

<table>
<tr><td colspan="3" align="center">COVATA N. ______</td></tr>
<tr><td>DATA 1° UOVO</td><td>GG DI COVA</td><td></td></tr>
<tr><td>DATA ULTIMO UOVO</td><td>DATA NASCITE</td><td></td></tr>
<tr><td>N. UOVA</td><td>BIANCHE</td><td></td></tr>
<tr><td>PULLI VIVI</td><td>ALLEVATI</td><td></td></tr>
</table>

		PULLI			
N.	ANELLO NUMER	SALUTE	DATA SVEZZ	SESSO	NOTE
1					
2					
3					
4					
5					
6					
7					

NOTE SULLA COVATA

<table>
<tr><td colspan="3" align="center">FEMMINA</td></tr>
<tr><td>SPECIE – VARIETA'</td><td>N. GABBIA</td><td></td></tr>
<tr><td>RNA – N. ANELLO</td><td>MM / AAAA NASCITA</td><td></td></tr>
</table>

<table>
<tr><td colspan="3" align="center">MASCHIO</td></tr>
<tr><td>SPECIE – VARIETA'</td><td>N. GABBIA</td><td></td></tr>
<tr><td>RNA – N. ANELLO</td><td>DATA ACCOPPIAMENTO</td><td></td></tr>
</table>

<table>
<tr><td colspan="3" align="center">COVATA N. _____</td></tr>
<tr><td>DATA 1° UOVO</td><td>GG DI COVA</td><td></td></tr>
<tr><td>DATA ULTIMO UOVO</td><td>DATA NASCITE</td><td></td></tr>
<tr><td>N. UOVA</td><td>BIANCHE</td><td></td></tr>
<tr><td>PULLI VIVI</td><td>ALLEVATI</td><td></td></tr>
</table>

	PULLI				
N.	ANELLO NUMER	SALUTE	DATA SVEZZ	SESSO	NOTE
1					
2					
3					
4					
5					
6					
7					

NOTE SULLA COVATA

<table>
<tr><td colspan="4" align="center">FEMMINA</td></tr>
<tr><td>SPECIE – VARIETA'</td><td></td><td>N. GABBIA</td><td></td></tr>
<tr><td>RNA – N. ANELLO</td><td></td><td>MM / AAAA NASCITA</td><td></td></tr>
</table>

<table>
<tr><td colspan="4" align="center">MASCHIO</td></tr>
<tr><td>SPECIE – VARIETA'</td><td></td><td>N. GABBIA</td><td></td></tr>
<tr><td>RNA – N. ANELLO</td><td></td><td>DATA ACCOPPIAMENTO</td><td></td></tr>
</table>

<table>
<tr><td colspan="4" align="center">COVATA N. _____</td></tr>
<tr><td>DATA 1° UOVO</td><td></td><td>GG DI COVA</td><td></td></tr>
<tr><td>DATA ULTIMO UOVO</td><td></td><td>DATA NASCITE</td><td></td></tr>
<tr><td>N. UOVA</td><td></td><td>BIANCHE</td><td></td></tr>
<tr><td>PULLI VIVI</td><td></td><td>ALLEVATI</td><td></td></tr>
</table>

PULLI					
N.	ANELLO NUMERO	SALUTE	DATA SVEZZ	SESSO	NOTE
1					
2					
3					
4					
5					
6					
7					

NOTE SULLA COVATA

FEMMINA			
SPECIE – VARIETA'		N. GABBIA	
RNA – N. ANELLO		MM / AAAA NASCITA	

MASCHIO			
SPECIE – VARIETA'		N. GABBIA	
RNA – N. ANELLO		DATA ACCOPPIAMENTO	

COVATA N. _____			
DATA 1° UOVO		GG DI COVA	
DATA ULTIMO UOVO		DATA NASCITE	
N. UOVA		BIANCHE	
PULLI VIVI		ALLEVATI	

PULLI				
N.	ANELLO NUMER	SALUTE	DATA SVEZZ	SESSO	NOTE
1					
2					
3					
4					
5					
6					
7					

NOTE SULLA COVATA

FEMMINA		
SPECIE – VARIETA'	N. GABBIA	
RNA – N. ANELLO	MM / AAAA NASCITA	

MASCHIO		
SPECIE – VARIETA'	N. GABBIA	
RNA – N. ANELLO	DATA ACCOPPIAMENTO	

COVATA N. _____		
DATA 1° UOVO	GG DI COVA	
DATA ULTIMO UOVO	DATA NASCITE	
N. UOVA	BIANCHE	
PULLI VIVI	ALLEVATI	

PULLI					
N.	ANELLO NUMER	SALUTE	DATA SVEZZ	SESSO	NOTE
1					
2					
3					
4					
5					
6					
7					

NOTE SULLA COVATA

FEMMINA		
SPECIE – VARIETA'	N. GABBIA	
RNA – N. ANELLO	MM / AAAA NASCITA	

MASCHIO		
SPECIE – VARIETA'	N. GABBIA	
RNA – N. ANELLO	DATA ACCOPPIAMENTO	

COVATA N. _____		
DATA 1° UOVO	GG DI COVA	
DATA ULTIMO UOVO	DATA NASCITE	
N. UOVA	BIANCHE	
PULLI VIVI	ALLEVATI	

PULLI					
N.	ANELLO NUMER	SALUTE	DATA SVEZZ	SESSO	NOTE
1					
2					
3					
4					
5					
6					
7					

NOTE SULLA COVATA

FEMMINA			
SPECIE – VARIETA'		N. GABBIA	
RNA – N. ANELLO		MM / AAAA NASCITA	

MASCHIO			
SPECIE – VARIETA'		N. GABBIA	
RNA – N. ANELLO		DATA ACCOPPIAMENTO	

COVATA N. _______			
DATA 1° UOVO		GG DI COVA	
DATA ULTIMO UOVO		DATA NASCITE	
N. UOVA		BIANCHE	
PULLI VIVI		ALLEVATI	

PULLI					
N.	ANELLO NUMER	SALUTE	DATA SVEZZ	SESSO	NOTE
1					
2					
3					
4					
5					
6					
7					

NOTE SULLA COVATA

<table>
<tr><td colspan="4" align="center">FEMMINA</td></tr>
<tr><td>SPECIE – VARIETA'</td><td></td><td>N. GABBIA</td><td></td></tr>
<tr><td>RNA – N. ANELLO</td><td></td><td>MM / AAAA NASCITA</td><td></td></tr>
</table>

<table>
<tr><td colspan="4" align="center">MASCHIO</td></tr>
<tr><td>SPECIE – VARIETA'</td><td></td><td>N. GABBIA</td><td></td></tr>
<tr><td>RNA – N. ANELLO</td><td></td><td>DATA ACCOPPIAMENTO</td><td></td></tr>
</table>

<table>
<tr><td colspan="4" align="center">COVATA N. _____</td></tr>
<tr><td>DATA 1° UOVO</td><td></td><td>GG DI COVA</td><td></td></tr>
<tr><td>DATA ULTIMO UOVO</td><td></td><td>DATA NASCITE</td><td></td></tr>
<tr><td>N. UOVA</td><td></td><td>BIANCHE</td><td></td></tr>
<tr><td>PULLI VIVI</td><td></td><td>ALLEVATI</td><td></td></tr>
</table>

N.	ANELLO NUMER	SALUTE	DATA SVEZZ	SESSO	NOTE
1					
2					
3					
4					
5					
6					
7					

PULLI

NOTE SULLA COVATA

FEMMINA

SPECIE – VARIETA'		N. GABBIA	
RNA – N. ANELLO		MM / AAAA NASCITA	

MASCHIO

SPECIE – VARIETA'		N. GABBIA	
RNA – N. ANELLO		DATA ACCOPPIAMENTO	

COVATA N. _____

DATA 1° UOVO		GG DI COVA	
DATA ULTIMO UOVO		DATA NASCITE	
N. UOVA		BIANCHE	
PULLI VIVI		ALLEVATI	

PULLI

N.	ANELLO NUMER	SALUTE	DATA SVEZZ	SESSO	NOTE
1					
2					
3					
4					
5					
6					
7					

NOTE SULLA COVATA

FEMMINA

SPECIE – VARIETA'		N. GABBIA	
RNA – N. ANELLO		MM / AAAA NASCITA	

MASCHIO

SPECIE – VARIETA'		N. GABBIA	
RNA – N. ANELLO		DATA ACCOPPIAMENTO	

COVATA N. _____

DATA 1° UOVO		GG DI COVA	
DATA ULTIMO UOVO		DATA NASCITE	
N. UOVA		BIANCHE	
PULLI VIVI		ALLEVATI	

PULLI

N.	ANELLO NUMER	SALUTE	DATA SVEZZ	SESSO	NOTE
1					
2					
3					
4					
5					
6					
7					

NOTE SULLA COVATA

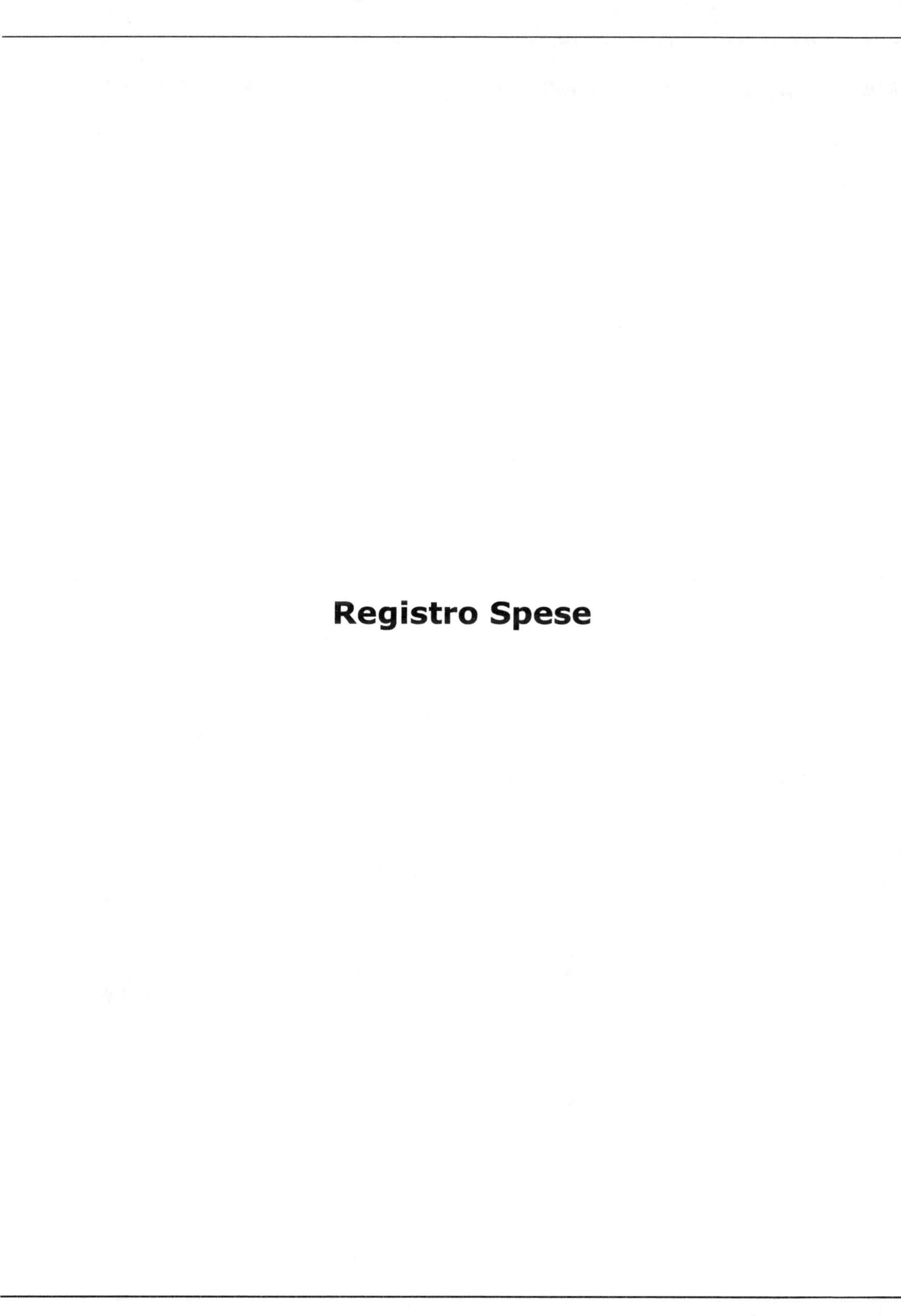

Registro Spese

DATA	DESCRIZIONE OPERAZIONE	ENTRATE	USCITE

DATA	DESCRIZIONE OPERAZIONE	ENTRATE	USCITE

DATA	DESCRIZIONE OPERAZIONE	ENTRATE	USCITE

DATA	DESCRIZIONE OPERAZIONE	ENTRATE	USCITE

DATA	DESCRIZIONE OPERAZIONE	ENTRATE	USCITE

DATA	DESCRIZIONE OPERAZIONE	ENTRATE	USCITE

DATA	DESCRIZIONE OPERAZIONE	ENTRATE	USCITE

DATA	DESCRIZIONE OPERAZIONE	ENTRATE	USCITE

Programmazione Luce

GIORNO/MESE	ALBA – TRAMONTO		LUCE ARTIFICIALE		INCREMENTO ORE:MIN
	INIZIO	FINE	INIZIO	FINE	

GIORNO/MESE	ALBA – TRAMONTO		LUCE ARTIFICIALE		INCREMENTO ORE:MIN

GIORNO/MESE	ALBA – TRAMONTO		LUCE ARTIFICIALE		INCREMENTO
	INIZIO	FINE	INIZIO	FINE	ORE:MIN
GIORNO/MESE	ALBA – TRAMONTO		LUCE ARTIFICIALE		INCREMENTO
	INIZIO	FINE	INIZIO	FINE	ORE:MIN

GIORNO/MESE	ALBA – TRAMONTO		LUCE ARTIFICIALE		INCREMENTO
	INIZIO	FINE	INIZIO	FINE	ORE:MIN
GIORNO/MESE	**INIZIO**	**FINE**	**INIZIO**	**FINE**	**ORE:MIN**

| GIORNO/MESE | ALBA – TRAMONTO | | LUCE ARTIFICIALE | | INCREMENTO |
	INIZIO	FINE	INIZIO	FINE	ORE:MIN

GIORNO/MESE	ALBA – TRAMONTO		LUCE ARTIFICIALE		INCREMENTO
	INIZIO	FINE	INIZIO	FINE	ORE:MIN

| GIORNO/MESE | ALBA – TRAMONTO | | LUCE ARTIFICIALE | | INCREMENTO |
	INIZIO	FINE	INIZIO	FINE	ORE:MIN

GIORNO/MESE	ALBA – TRAMONTO		LUCE ARTIFICIALE		INCREMENTO
	INIZIO	FINE	INIZIO	FINE	ORE:MIN